Para Refletir

**SOBRE AS LIÇÕES
QUE A VIDA NOS DÁ**

VINICIUS BENATTO

Para. Refletir
SOBRE AS LIÇÕES QUE A VIDA NOS DÁ

TEMPORADA

Copyright © 2021 by Editora Letramento
Copyright © 2021 by Vinicius Benatto

Diretor Editorial | **Gustavo Abreu**
Diretor Administrativo | **Júnior Gaudereto**
Diretor Financeiro | **Cláudio Macedo**
Logística | **Vinícius Santiago**
Comunicação e Marketing | **Giulia Staar**
Assistente Editorial | **Matteos Moreno e Sarah Júlia Guerra**
Designer Editorial | **Gustavo Zeferino e Luís Otávio Ferreira**
Capa | **Inari Jardani Fraton**
Revisão | **Daniel Rodrigues Aurélio**
Diagramação | **Isabela Brandão**

Todos os direitos reservados.
Não é permitida a reprodução desta obra sem
aprovação do Grupo Editorial Letramento.

Dados Internacionais de Catalogação na Publicação (CIP) de acordo com ISBD

B456p	Benatto, Vinicius
	Para Refletir / Vinicius Benatto. - Belo Horizonte : Letramento ; Temporada, 2021.
	100 p. ; 14cm x 21cm.
	ISBN: 978-65-5932-039-4
	1. Autoajuda. 2. Reflexões. 3. Evolução. 4. Aprendizado. 5. viver a vida. 6. Experiência de vida. 7. Eventos. 8. Acaso. 9. Dificuldade. 10. Superação. 11. Crescimento. I. Título.
2021-1175	CDD 158.1
	CDU 159.947

Elaborado por Vagner Rodolfo da Silva - CRB-8/9410

Índice para catálogo sistemático:
1. Autoajuda 158.1
2. Autoajuda 159.947

Belo Horizonte - MG
Rua Magnólia, 1086
Bairro Caiçara
CEP 30770-020
Fone 31 3327-5771
contato@editoraletramento.com.br
editoraletramento.com.br
casadodireito.com

Temporada é o selo de novos autores do
Grupo Editorial Letramento

Agradecimentos

Agradeço a companhia e as palavras de motivação da parceira de minha Vida, Gabriela Vieira. A minha família pelo apoio, compreensão e ensinamentos. Ao carinho da minha amiga Micheli Souza ao ler os primeiros capítulos do livro, e a Luciana Akel por sempre me apoiar a escrever.

Agradeço também a você, querido leitor ou leitora, disposto a mergulhar comigo nessa gostosa jornada de Reflexão.

11
Sobre Este Livro

13
Sobre Reflexão

15
Sobre Dias Chuvosos

16
Sobre Viver as Mudanças

18
Sobre As Lentes que Veem o Mundo

20
Sobre a Necessidade de Olhar Para Si

23
Sobre Crenças

25
Sobre Autoridade Moral

27
Sobre Aprendizado

29
Sobre Arriscar

31
Sobre Escrever

33
Sobre o Nome dos Capítulos

35
Sobre Transmutar Hábitos

36
Sobre Transmutar Vícios

37
Sobre Máscaras

39
Sobre o Amor

41
Sobre Nossas Travas

44
Sobre Polaridades

47
Sobre Priorização

50
Sobre Anulação

52
Sobre a Linha Que Não Deve Ser Cruzada

54
Sobre Expandir a Consciência

57
Sobre Espelhos

60
Sobre Nossa Essência

62
Sobre Algumas Decisões

64
Sobre o Rumo Que Definimos

66
Sobre Gratidão

68
Sobre Intuição

71
Sobre Perdoar

73
Sobre Seguir Em Frente

75
Sobre Mudanças de Rumo

77
Sobre Despedidas

79
Sobre o Tempo Das Coisas

81
Sobre a Trilha Que Leva ao Destino

83
Sobre Plantar e Colher

86
Sobre Certezas Absolutas

87
Sobre As Aulas Que a Vida Nos Dá

89
Sobre o Aqui e Agora

92
Sobre a Inexistência de Coincidências

94
Sobre Polivalência, da vergonha para a realização

96
Sobre o Autor

Sobre Este Livro

Este é o primeiro livro que escrevo. Primeiramente o escrevi para divulgar um projeto. Nesse projeto idealizava mostrar para as pessoas a preciosidade de suas experiências de vida, sob a ótica de que tudo pode servir como grande base para o aprendizado através de profundas reflexões.

Escrevi este livro para mim, para que eu nunca me esqueça das coisas que refleti, e muito menos de continuar colocando em prática. Sei que não sintetizei profundamente todo o conteúdo nestas linhas. Às vezes esqueço do que aprendi e regrido dentro da minha manifestação, vejo que no processo da reeducação é importante ter sempre em mente aonde se quer ir e o que se deseja mudar. Esta obra nasceu para me lembrar e me desafiar a sair da teoria e colocar em prática todos os dias o fruto de minhas reflexões nas minhas ações.

Escrevi este livro para o leitor ou leitora que esteja buscando refletir sobre a vida, sobre a vivência de outras pessoas. Este livro é para as pessoas que querem pensar fora da nossa mesologia atual, aprendendo com a vida, com a prática que vem após a teoria, pois não basta pegar somente a teoria e dizer que aprendeu.

Caso o leitor deseje compartilhar suas experiências e vê-las proporcionando reflexões aos demais, convido-o novamente a me enviar um e-mail, vou compilar todas que receber em um livro e o valor arrecadado será doado para alguma instituição filantrópica que busca tornar nosso mundo um lugar melhor e mais humano para vivermos. Com isso, querido amigo ou amiga, você poderá ver pela prática o quanto suas sementes de aprendizado e reflexão têm poder de mudar o mundo. Várias pequenas mudanças geram grandes resultados, porém, isso é o meu pensamento, como tudo que foi escrito aqui.

Sobre Reflexão

Algumas vezes nós ouvimos coisas que nos fazem refletir sobre a forma de ver a vida e se manifestar nela. É incrível! Quando estamos abertos para refletir, os *insights* vêm de praticamente todos os lugares. Lavando louça, assistindo filme, olhando para o céu.

Não é preciso necessariamente meditar ou silenciar a mente; podemos refletir sobre nossas próprias ações, ou não ações, com uma perspectiva focada no aprimoramento. Do contrário, se torna difícil a melhora, afinal, muitos de nós estamos condicionados a ver os nossos próprios erros nas outras pessoas. Afinal, é mais fácil implicarmos com elas do que conosco.

Sabendo disso, temos o poder de mudar a nós mesmos para melhor em todas as ocasiões. Nesta longa jornada temos a opção de deixarmos antigas e obsoletas ferramentas de lado para empregarmos outras mais novas e eficientes, sem nunca desmerecer as que nos serviram bem até o momento da troca, afinal, foram com elas que protagonizamos vários processos. Devemos, porém, entender que algumas vezes elas já não nos servem mais e desapegar, se isso for necessário para continuarmos a evoluir.

Este livro busca trazer novas ferramentas e formas de ver o mundo ao leitor ou leitora, coisas que refletimos durante um tempo e que funcionaram para nos impulsionar nos momentos de tensão, pensamentos que tivemos e que nos ajudaram a evoluir de forma mais rápida e consciente, às vezes oriundos de pequenos momentos que geraram grandes impactos na nossa forma de manifestação, quase como uma expansão da consciência, nos permitindo buscar degraus mais altos na nossa caminhada evolutiva, em uma subida constante em direção a nossa melhoria, para com isso conseguir impactar positivamente o mundo à nossa volta.

Um filme que retrata bem a capacidade de algumas consciências impactarem outras de forma positiva e que nos leva a boas reflexões é *La belle verte*, traduzido em português como *Turista espacial*.

Sobre Dias Chuvosos

Por quase toda minha vida costumava achar os dias chuvosos um tanto melancólicos. Não gostava muito deles. Eu ficava olhando a chuva cair pela janela do apartamento onde morava, algumas vezes em estado de reflexão, outras de devaneio, mas sempre com uma sensação que não era capaz de descrever.

Ano passado comecei a ver a chuva como algo prazeroso. Me deliciava tomando banhos de chuva e sentindo a água gelada caindo sobre o meu corpo – a minha vista era privilegiada, com grandes araucárias em um campo grande e verde. Algumas vezes estava acompanhado de meu cachorro Ninja ou de minha gatinha Nuvem.

Hoje encaro a chuva como algo que vem para lavar, quando um ciclo termina e outro começa, um momento do rejuvenescer. Ainda tomo banho de chuva, mas dessa vez acompanhado de uma pessoa incrível, a Gabriela Vieira, com a qual compartilho as bagagens e a caminhada. Tomar banho de chuva ou mesmo contemplá-la é uma experiência incrível, e não importa quantas vezes chova: sei que vou me sentir bem, sei que outro ciclo irá começar.

O mesmo evento, três fases da vida diferentes, três formas diferentes de encará-lo. A chuva não se tornou menos fria, o céu não mudou de cor, mas a minha perspectiva com relação a isso mudou. Iremos abordar e refletir bastante sobre a questão da perspectiva aqui, isto é, sobre nossa forma de ver o mundo, as coisas que nos rodeiam e os eventos que a vida nos proporciona.

Sobre Viver as Mudanças

Quando saí do ninho de meus pais e conquistei a tão sonhada independência, me senti um pouco desolado. Havia realizado algo que planejei com a Gabi, nos mudamos para um condomínio bem perto do Parque Barigui, em Curitiba. Hoje me encontro vivendo a mudança de sair daqui em busca da próxima parada. Aprendi a viver as mudanças no começo do ano de 2020, mesmo ano em que escrevo este livro.

Tinha perdido o hábito de fazer minhas corridas matinais, e buscava voltar ao exercício que me proporcionava vários momentos de reflexão e de felicidade. Correr para mim é uma sensação única.

Certa manhã, bem cedinho, saí de casa me perguntando como iria transmutar o hábito das corridas matinais novamente em minha vida e, quando me percebi, eu já estava correndo havia algum tempo. Então notei que algo tinha mudado, eram umas seis da manhã, eu estava correndo tinha uns bons minutos, respiração ofegante, a vista do parque, o esforço do corpo: que sensação de felicidade! Eu estava vivendo aquela mudança em toda a sua plenitude, com todos os meus sentidos registrando aquilo. Agucei a visão para me perceber correndo, prestei atenção ao meu redor com intuito de me ouvir correndo, me sentir correndo, vivenciando 100% aquele momento.

Descobri aquela manhã que para mudar basta começar, com a atenção plena naquilo que está sendo executado. Viver a mudança e utilizar o aprendizado em todas as oportunidades que pudermos, para que aquilo que estamos aprendendo se torne natural para nós.

Utilizei o aprendizado de viver a mudança em quase todas as mudanças que fiz desde então, e reforço esse aprendizado transmitindo-o para você, leitor (a). Tive o privilégio de aprender duas vezes, uma executando e outra ensinando, riqueza para mim e riqueza para você. O prazer de ensinar é imenso, mas não leve isso como ensinamento e sim como algo para refletir, *se vai funcionar para você ou não isso, você só saberá se tentar e tirar as próprias conclusões.*

O nosso limite é definido por nós, quando nos desafiamos a ir além entendemos que muitas das vezes ele é maior do que pensávamos que fosse.

Sobre As Lentes que Veem o Mundo

Qual lente você está usando para ver o mundo agora? Uma cristalina? Uma opaca? Ela enxerga oportunidades nos momentos de crise? Ela costuma ver as ações dos semelhantes com ternura ou com censura?

Por um tempo desejei que minhas lentes fossem como rio cristalino, mas percebi que a menor ondulação na água mudaria minha forma de ver o mundo. Depois, optei pelas lentes que conseguissem ver o reflexo do sol nascendo sobre o rio, com serenidade.

Tentei viver com as lentes de outras pessoas, antes de perceber estava vivendo infeliz e mascarado, fazendo coisas que não me eram gratificantes. Hoje, aprendo com a perspectiva dos outros sem fazer delas as minhas. No processo de ser mais comunicativo apresento a minha forma de perceber o mundo, buscando somar e criar conexões virtuosas.

Encontrei umas lentes e me encantei, não tanto por elas, mas pelos olhos que as usavam. Aprendi assim que poderia tirar toda e qualquer lente e ver o mundo de uma forma mais autêntica e rica. Como forma de gratidão, tirei as minhas próprias lentes retribuindo o gesto de confiança. Depois disso fui ao banheiro e me olhei no espelho – fiquei admirado com a vivacidade dos meus olhos.

Fico encantado todas as vezes que encontro esse brilho nos olhos de alguém, pois sei que já renunciaram às suas lentes e enxergam o mundo de uma forma mais leve.

Sobre a Necessidade de Olhar Para Si

Algumas vezes precisamos parar tudo o que estamos fazendo e olhar para nós mesmos. Algumas vezes estamos tão ocupados com nossa rotina, com nossos desafios, que não nos damos conta da nossa própria evolução, do quanto caminhamos.

Por isso, considero importante, de tempos em tempos, em algumas noites, parar tudo e olhar para mim. Fico espantado todas as vezes que faço isso. Tinha avançado na minha caminhada muito mais do que pensava, notei que muita coisa tinha mudado, dei falta das coisas que tinha deixado para trás e agradeci pelas novas que vieram substituí-las.

Hoje, procuro estar sempre lúcido sobre minha caminhada, nos momentos de tempestade ou nos momentos de calmaria. Recentemente, passei a conservar boa lucidez, mesmo quando o furacão chega e eu sou tragado para o olho dele. Porém, ainda não é um hábito e eu preciso fazer força para conseguir me manter lúcido. Às vezes, quando me pego na robotização do dia a dia, me frustro, mas, à medida que pratico, mais consciente da vida fico. Algo que percebi enquanto escrevia estas linhas é que eu não tinha parado para refletir sobre essa capacidade recém-desenvolvida. Vou aproveitar que hoje é uma noite tranquila e chuvosa e reservarei um momento para parar e olhar para mim.

A primeira vez que fiz isso chamei de "morte de um Eu para renascimento de outro", mas hoje me parece sem sentido: não vou renascer das cinzas, vou somente me conectar com meu microuniverso pessoal e me maravilhar com sua expansão.

Recomendo ao leitor ou leitora fazer essa prática. Faço no período noturno noite porque me sinto mais propenso a essa reflexão, mas nada o impede de tentar em qualquer horário. Ficarei muito feliz se me relatar como foi a sua experiencia.

PRÁTICA

Busque executar a técnica do "Olhar para si mesmo" quando for tomar banho. Olhe para o espelho e comece uma conversa com você: pense em coisas que você viveu e aprendeu recentemente, em desafios que você superou e em como eles foram superados. Tire esse momento para se olhar e se maravilhar consigo mesmo. Se você não encontrar nada para se maravilhar, então olhe o que deve mudar para que a sua visão de si mesmo mude: pode ser o começo de alguma atividade que você posterga, a eliminação da autossabotagem e tudo aquilo que deixar você infeliz. *Pense no que você pode fazer para criar as mudanças que você quer realizar*

Quando entrar no chuveiro, sinta a água percorrendo todo o seu corpo. Em seguida, faça algumas respirações profundas, expirando lentamente, sempre mantendo a lucidez e sentindo a água correndo maravilhosamente sobre sua pele. Busque entrar em um estado de profundo relaxamento, reflita sobre sua forma atual de viver a vida, o que mudou e parece não perceber, coisas que fazia de um jeito e hoje faz de outro, coisas que tinha dificuldade e hoje faz melhor. Entre profundamente dentro de si e de sua evolução.

Depois de sair do banheiro, escreva as sensações que experimentou, assim como as reflexões que teve, em um papel e comece a executar o que quer que você precise fazer.

Recomendo fazer à noite, de modo a ir direto para a cama quando terminar a prática, mentalizando e refletindo para onde se quer ir desse ponto em diante, das coisas que quer conquistar e do como conquistá-las. Sinta que o ciclo que antecedeu esse momento acabou e que um novo deu início.

Sobre Crenças

Conforme vamos vivendo, algumas coisas que antes faziam sentido agora deixaram de fazê-lo – trata-se de algo natural em nossa jornada evolutiva. A minha motivação para escrever sobre isso é meu filho, um gatinho chamado Aquamarim.

Quando eu era mais novo, costumava dizer enfaticamente para minha mãe e minha avó que gatos eram animais carnívoros, portanto, deveriam se alimentar exclusivamente de carne ou de rações derivadas de carne. Devo dizer que na época eu mesmo me alimentava quase que exclusivamente de carne.

Hoje, graças a alguns eventos que marcaram minha vida, não me alimento mais de carne e o Aquamarim também não; já faz algum tempo que ele come uma variedade enorme de frutas, cereais, legumes, e algumas massas e biscoitos. Nunca vomitou a comida, corre tanto ou mais que antes, seu pelo está macio e brilhante, e, ao contrário de seu tio Rick (*o gato de minha avó*), não perde pelos.

Os ganhos que obtive parando de comer carnes também foram notáveis: perdi peso, ganhei mais resistência e força física, dentre outras coisas.

Poderia ter tido um desfecho diferente, mas não tive. Podemos levar isto para qualquer área de nossa vida: acreditar demais em algo às vezes se torna perigoso, pois nos fechamos para o aprendizado. A crença geralmente não abre espaço para questionamentos.

Algo que vale refletir sobre é que não existe nenhum impedimento de trocar minha alimentação para nada além de "cebola mexicana da montanha amarela", se descobrir que isso gera ganhos maiores para minha saúde, assim como nada me impede, caso constate que a dieta da "cebola" me deixa malnutrido ou menos disposto, de abandonar essa dieta. Só saberei se experimentar, só experimentarei se não criar nenhuma crença limitante que me impeça de ir adiante com o experimento.

Será que aquela crença que carregamos desde a infância está correta? Podemos testar e contestar para ver se realmente faz sentido, se há alguma outra forma mais eficiente de fazer ou viver.

Não perdemos nada experimentando. Muito pelo contrário, ganhamos aprendizado.

A experiência com o Aqua foi suspensa quando percebemos que ele não conseguiria se manter saudável sem o apoio de boas rações. Ele ainda gosta bastante de banana e legumes, porém hoje isso é balanceado com ração de qualidade.

Sobre Autoridade Moral

Uma vez estava fazendo um curso de conscienciologia chamado Pacifismologia. Tive várias repercussões muito positivas e umas tantas reflexões a respeito de minha conduta belicista. Às vezes o belicismo está sutilmente enraizado em coisas bobas, para ilustrar o famoso dito popular "Matar dois coelhos com uma cajadada só"; são coisas simples, mas que denotam algo agressivo e instintivo. Aprendi a diferença de pacífico e passivo e que virar a outra face nem sempre é o mais sadio. Apendi também sobre a importância de, quando falarmos sobre algum assunto, tomarmos o cuidado para termos a autoridade moral para sustentar a temática.

Um dos professores desse curso estava falando sobre outro curso de conscienciologia, de como era um bom curso e das reflexões que ele trazia. Foi quando um dos alunos levantou a mão e questionou o professor se ele tinha feito o tal curso. Com o rosto corado (provavelmente de vergonha), o professor confessou não ter feito o curso.

Depois de ter vivido esse episódio, refleti sobre as discussões e conversas que tive, nas quais quase sempre fracassava por defender um ponto de vista que não era meu, nem de minha vivência ou pesquisa; defendia-o somente por simpatizar e acreditar em quem falou, sem ter me dado o trabalho de pesquisar, e, mais importante, viver aquilo. Refleti também sobre a confiança que sinto e sobre o maior abertismo por parte do interlocutor quando relato algo baseado no que vivi e experimentei, sobre como posso utilizar minha bagagem para somar com outra, sem gerar informação deficitária, afinal espero e procuro fontes confiáveis. Se formos ver pelo prisma da lei universal de que energias semelhantes se atraem, só obterei bons conhecimentos e ensinamentos de acordo com o que proporcionar aos outros.

Esta foi a primeira vez que pensei sobre essa parte da causa e efeito – é interessante como escrever gera no próprio autor reflexões.

Outra coisa que gostaria que o leitor ou leitora refletisse é sobre sua própria bagagem de autoridade moral, coisas que viveu, refletiu e que usou para evoluir ou passar por uma fase complicada. Todos nós temos experiências ricas, vivências únicas e um potencial incrível para ensinar e ajudar aos outros. Tenho certeza de que muita gente ficará feliz em ouvir sobre suas vivências e reflexões. Fique à vontade para mandar para vinibenatto@hotmail.com.

Aproveito aqui para informar enfatizar que pretendo pegar as melhores reflexões que me forem enviadas para escrever um outro livro, e todo o valor arrecadado será usado para apoiar uma instituição filantrópica. Quero com isso que os leitores saibam na prática o que quero dizer quando digo que nossas bagagens são ricas e tem um potencial incrível para ajudar ao próximo, e experimentar a felicidade ao fazer isso.

Abertismo é um neologismo da ciência Conscienciologia, em resumo significa: Predisposição pessoal para receber novas ideias e fazer mudanças pessoais sempre que perceber necessário

A instituição que fiz esse curso se chama IIPC: *Instituto internacional de Projeciologia e Conscienciologia*

Sobre Aprendizado

Não existe a derrota; há somente o aprendizado e o sucesso, sendo um consequência do outro.

Um exemplo é o bolo de frigideira que a Gabi fazia. Os primeiros saíram quebradiços e ela não gostou muito do resultado – para ela foi um fracasso. Conversamos sobre isso, e tentando mais algumas vezes, ela finalmente conseguiu fazer com que o bolo ficasse fofinho e não quebrasse. Sucesso!

Se ela tivesse desistido no ponto em que considerou o fracasso, não teria aprendido a fazer o bolo sem que ele quebrasse. *Assim, quando ela passou a ver aquela situação como aprendizado, ampliou a perspectiva e viu o que fazia de errado, ela conseguiu pensar em formas de fazer diferente, até criar uma técnica que funcionou.*

O erro não leva ao fracasso, mas ao sucesso. Tentar e errar, tentar e errar, tentar e acertar! Depois, basta continuar fazendo e se aprimorando. Muitas vezes a primeira forma que acertamos não é a definitiva, pois detectamos o que podemos acrescentar e retirar, criamos formas mais práticas de chegar ao resultado desejado.

Levo do meu tempo servindo como soldado um mantra que uma vez entoamos: "Repetição até a exaustão leva à perfeição" (cantamos somente uma vez no período em que estive lá, mas ele carregava uma verdade que trago até hoje).

Isso me fez refletir no tempo que leva para ficarmos realmente bons em algo e no quanto precisamos praticar até ficarmos realmente bons nisso.

Uma coisa que aprendi com a vida é que não passamos para a próxima lição sem termos primeiro aprendido a atual. Dessa forma, se parece que não existe progresso, considere válido refletir sobre o que precisa ser aprendido, aliando isso a vontade de fazer diferente e ao ímpeto de possivelmente ter que jogar tudo fora e iniciar novamente, de forma diferente, trazendo apenas o aprendizado anterior. Eis uma fórmula quase que infalível de obter sucesso.

Sobre Arriscar

Existem ocasiões em que a vida nos presenteia com oportunidades únicas, mas para aceitarmos esses presentes se faz necessário arriscar tudo. Posso assegurar que vale a pena. Só estou escrevendo este livro por ter arriscado tudo, no que senti que seria o melhor a fazer para acelerar meus processos.

Tudo o que tínhamos no banco era quatrocentos reais e alguns centavos. Sentíamos que começar a praticar o DeRose Method, na escola do Champagnat, seria muito benéfico para nós. Sabíamos que deveríamos começar logo, mas tínhamos a opção de deixar para o mês seguinte, quando teríamos mais recursos para empreender nisso.

Decidimos que tínhamos todo o alimento de que precisaríamos no mês, vendemos algumas coisas que não eram necessárias para mim (prancha de surf, skate e alguns móveis antigos) na OLX, e arriscamos tudo nesse método que parecia estar nos chamando.

Resultado: Conhecemos pessoas novas e permitimos que nossa vida mudasse para uma direção inesperada, confesso, mas foi para melhor. Saímos de nosso trabalho anterior para nos dedicarmos inteiramente ao projeto **Conexões Luna**.

Não está sendo um mar de rosas. Tivemos que dormir no chão, nos desdobrar para pagar o aluguel e ainda temos contas para pagar. Mas pouco a pouco, aprendendo com a vida e colhendo os frutos das nossas ações, posso dizer que não me arrependo. Hoje trabalho com o que me dá prazer, escrevo de madrugada, sem sono e com bastante alegria. Estou aprendendo a criar a realidade que quero, os esforços que tenho que fazer, hábitos a reciclar, a forma de pensar que permite aprender e viver com o máximo de aproveitamento as oportunidades que recebo.

Sobre Escrever

Sempre gostei de escrever, inclusive já fiz um texto com o mesmo título deste capítulo. Foi uma forma que adotei para passar por um dos períodos mais turbulentos em minha vida, quando acreditava que o mundo era cinza e não via beleza na vida, nem nas árvores, nem no sol e nem nas pessoas. Libertava sentimentos através da escrita, me sentia livre para escrever sobre tudo, mas já escrevi sobre o nada também, tudo no mesmo caderno. O que mais gostava era parar por um momento e ler tudo que escrevi. Com o passar do tempo, foi ficando nítida a mudança da minha forma de pensar, pelas histórias que criava, textos que montava e temas que me inspiravam a escrever.

Num ato teatral, com o desejo de me libertar daquela forma de pensar e deixar aquela manifestação minha no passado, queimei aquele caderno e, junto dele, vários escritos que pensava que iriam se tornar meu primeiro livro. Confesso que me senti mais leve, não fazia sentido aquela evocação constante no meu quarto dos meus momentos de tristeza, raiva, melancolia, às vezes tudo junto. Queimei também os textos que escrevi com felicidade, paz e tranquilidade, mas não me importo, tenho comigo que *algumas coisas novas só vêm a nós quando nos libertamos das antigas.*

Em 2017, passei um período escrevendo em algumas comunidades virtuais. A maior parte daqueles textos foram criados com uma máscara e lentes cinzentas.

Em 2019, voltei àquelas comunidades e passei a escrever textos motivacionais, abordando algumas reflexões que estava tendo na época. Fiquei um pouco triste em constatar que os textos que escrevi no começo, distorcidos e um tanto vitimizados, tinham mais visibilidade e acesso do que os que produzi no intuito de ajudar as consciências que estavam lá de alguma forma.

Consegui recuperar um dos textos que fiz em um dos grupos. Vou reproduzi-lo aqui, mais à frente.

Antes disso, escrevia porque achava divertido criar versos com rimas. Minha primeira memória escrevendo foi uma poesia que fiz sobre o mar, quando estava na quarta série, ainda me lembro da felicidade que senti por tê-la feito, imaginando o mar, e da satisfação que senti ao terminar e ler.

Sobre o Nome dos Capítulos
Sobre escrever (versão de 04/08/2019)

A primeira coisa que escrevi com o coração guiando a caneta foi um poema sobre o mar, quando eu estava na quarta série, gostava de fazer rimando pois achava mais maneiro..., mas enfim, foi também a primeira vez que gostei de algo que tinha sido feito por mim. Desde o dia em que fiz aquele poema até hoje, praticamente 13 anos depois, escrever se tornou algo que amo fazer, algumas vezes algo necessário de se fazer, nunca me canso de escrever e muitas vezes escrevi sem ter vontade de fazer mais nada, nos momentos mais sombrios, mais difíceis, quando tudo era cinza, quando nada era belo, para que a razão não fosse perdida, para que a loucura não dominasse, quando tremi de felicidade e o meu coração se aqueceu, senti a chama da vida renascer, quando as estrelas estavam lindas de se ver e a lua nos fez pensar em paixão. Escrevi embalado por todas essas coisas, escrevi embalado em nada, escrevi para o vazio doer menos, escrevi para expressar meu gosto pela escrita, escrevi para animar pessoas que amo, escrevi para pessoas que amei, até naqueles momentos que escrever era a única coisa que podia fazer para ajudá-las. Fiz da arte de escrever uma forma de conseguir dormir acompanhado, escrevi porque a paixão era grande demais para caber no meu coração, escrevi com a caneta sendo guiada pela alma. Escrevo porque estou vivo, escrevo porque amo, escrevo porque é necessário e me assusta a profundidade do que sinto por isso.

Tenho uma certa fascinação por colocar "Sobre algum assunto" como título para os meus textos, porque não importa quantas vezes pegue o mesmo assunto para escrever, sempre vai sair algo diferente, o espaço para abordar o tema é enorme também, e posso rumar por onde minha consciência quiser me levar.

Considere adquirir um caderno para escrever, não importa o formato do que for escrever, nem se tem prática ou não, depois de um tempo se torna fácil transmitir as ideias do plano mental para o físico. Outra vantagem de ter um caderno é que podemos avaliar nosso progresso e maturidade de tempos em tempos, relendo o que escrevemos e refletindo sobre isso. Dá uma sensação estranha quando constatamos que aqueles pensamentos não nos servem mais – algumas vezes parece até ser outra pessoa que escreveu.

Pegando esse gancho, outra coisa que acho incrível é que o mesmo tema se desdobra de forma diferente conforme a vivência de cada um.

(Encerro esta parte por aqui, porque constato que o fascínio todo que tinha desenvolvido por "Sobre algum tema" já me parece natural, não é mais tão digno de nota e nem de alarde, confesso que quando comecei a escrever este capítulo estava mais empolgado em desenvolvê-lo. *Interessante que, quando nós nos damos conta de certas coisas e as admitimos para nós, abrimos espaço para lidar com elas.*

Sobre Transmutar Hábitos

Tenho um hábito que tem me incomodado: costumo ficar irritado quando as coisas não saem como eu quero. Gabi e eu até nomeamos esse comportamento de "Mimades", pois ainda apresento, em minha personalidade, traços de alguém mimado. Quando não queria ver as ações que tomava nesse aspecto, travava e bloqueava o caminho da reciclagem desse aspecto. Em uma conversa acalorada, me peguei apresentando os traços, admiti para mim que sim, o "todo perfeição Vinicius" era um ser humano igual aos outros, com vários aspectos a serem ressignificados. A partir disso, comecei a me perceber manifestando esses traços com mais frequência e, então, passei a empregar vontade, esforço e foco para sublimar essa manifestação – estou tendo um progresso consideravelmente bom.

Penso que se queremos mudar algum aspecto, primeiramente devemos admitir a nós mesmos que nos manifestamos daquela determinada forma, depois definir o motivo pelo qual queremos mudar e, então, sempre que nos pegarmos em situações que nos manifestávamos daquela forma, empregar esforço e vontade para fazer diferente. *Toda vez que mudamos de forma lúcida estamos um passo mais próximos de mudar em definitivo.*

Sobre Transmutar Vícios

Se você deseja parar de fumar, por exemplo, e encontra dificuldades, admita para si que gerou e mantém essa dependência, que isso não lhe faz bem e que é você quem está sendo fumando.[1] Este é o primeiro passo a dar em relação a esse e a qualquer vício. O segundo é ter força de vontade ferrenha, incansável, e não se envergonhar se, eventualmente, acontecerem recaídas.

Quando descobrir dentro de si o motivo que o levou a começar a fumar não verá mais graça nisso; talvez a vontade persista por um tempo, mas vai ser fácil de lidar com ela desse ponto em diante. Pelo menos foi assim comigo, quando, em um curso de imersão da grade da conscienciologia chamado ECP1, cheguei à conclusão de que fumava para fugir da realidade.

Levei alguns meses para parar de sentir vontade e algumas vezes sonhava que estava fumando. Mantive-me firme e depois de um tempo parei de sentir essa vontade latente, que vinha quase como uma nostalgia. Percebi também que a vontade que senti nesse período não era do ato de fumar em si, mas das pessoas com quem me relacionava nessa época.

---

[1] Geralmente isso ocorre com os vícios. Nós perdemos o autocontrole, a compostura e acabamos nós sendo sugados por eles. Nunca vou esquecer da consciência que falou para mim sobre isso, guardo um profundo respeito por ela.

Sobre Máscaras

Algumas vezes presenciei e vivenciei atos que me pareceram artificiais e superficiais. Antes disso, havia refletido sobre as máscaras sociais que colocamos no dia a dia. Quando tinha meus 19 anos, já havia estudado a psique humana e o ocultismo por pelo menos quatro anos, então peguei um caderno e criei sete personagens que chamei de "demônios". Cada um deles tinha uma personalidade diferente e reagia ao mundo de maneira diferente.

A ideia por trás disso era me sentir seguro; naquela época não tinha muita confiança em mim mesmo e a forma que encontrei para contornar esse problema foi criar máscaras, quase evocações para lidar com algumas coisas da vida. Devo dizer que essa técnica foi uma falha, com muita confusão envolvida e falta de autenticidade.

Em vez de fingir fazer, por que não usa sua energia para fazer o melhor que consegue?

Vesti várias máscaras. Com a minha família uma de inocente, bobo, com os amigos extrovertido e solto, com a terapeuta centrado e maduro. A máscara usada com a terapeuta, em especial, fez com que andássemos em círculos: como eu não era verdadeiro, não entrava no x da questão, ou seja, no que me fez procurar acompanhamento.

Em um determinado ponto da minha vida percebi que não seria feliz agindo de forma diferente da que pensava, com uma ética de outra pessoa que não eu mesmo. Tive que refletir, pensar, me ausentar de tudo para me encontrar – depois de vestir tantas máscaras estava difícil encontrar quem eu era por debaixo delas. Decidi parar de me comportar seguindo modismos e tribos e o que resultou disso foi um distanciamento da minha família. Sinto um certo estranhamento por parte deles, me afastei da maior parte dos amigos que fiz, penso que para eu poder ajudá-los preciso me afastar. Dessa forma fica mais fácil para eles me verem como eu sou no presente em vez de olhar para as memórias de quem fui.

Penso que quando estamos muito próximos de algo deixamos de ver o quadro inteiro. Depois de passar muito tempo convivendo com alguém, às vezes deixamos de ver as mudanças pelas quais a pessoa passou, gostos se tornam diferentes, o modo de pensar muda. É como conviver com um gato desde filhote e demorar para se dar conta de que ele não é mais aquele filhote, cresceu e mudou o timbre do miado.

Dói quando somos nós o epicentro da mudança porque, algumas vezes, para as pessoas à nossa volta, o ritmo é outro, o caminho é outro. Quando construímos relacionamentos nos manifestando de forma diferente de quem somos e pensamos na nossa essência, cedo ou tarde, ocorre o afastamento, talvez porque ambos estejam usando máscaras. Quando um resolve parar de usar as máscaras, se torna difícil a relação, parece que não tem mais aquela sintonia e espontaneidade que existia antes.

Segundo algumas filosofias, *semelhante atrai semelhante*. Pelo que vivi admito essa verdade.

Se no seu aqui e agora você estiver buscando uma mudança, perceba se não está se manifestando de modo diferente do que é. Se tiver medo de ser autêntico, seja autêntico mesmo com medo – é libertador deixar de usar máscaras sociais.

Sobre o Amor

O amor sorriu para mim em um curso, engraçado que no fundo podia sentir que alguém iria reencontrar

Alguém que amei e que voltaria a amar.

Fui o primeiro a chegar no hotel em que o curso iria ocorrer

Cheguei no hall, sentei para ler.

Depois de um tempo alguém da equipe veio me cumprimentar

Terminada a conversa, decidi sair para almoçar.

Saindo do hotel te vi fazendo o check-in, senti um encanto

Não imaginei que te amaria tanto.

Não imaginei que teria filhos contigo,

Torcia que estivesse ali para fazer o curso comigo.

Naquele salão do hotel, percebi que éramos companheiros de curso, senti uma certa euforia, de todas que tive essa foi muito além.

Nunca tinha sentido aquilo por ninguém, tão pouco podia, até aquele momento a hora não era chegada, pois estava esperando para sentir isso por você, amada.

Já havíamos combinado trilhar juntos essa caminhada.

Histórias parecidas, primeiro dia do curso acabado, jantamos em lugares próximos e nos deliciamos, conversando e nos divertindo.

O tema fluindo, os olhos sorrindo, nunca esqueço do que disse para mim, da ternura que teve quando terminou falando.

Que nos meus olhos dava para ver o mundo, fiquei sem palavras, o coração acelerando.

O restante da nossa história de amor fluiu e se desenrolou de uma forma totalmente inusitada para ambos corações.

Voluntariamos juntos, compartilhamos várias reflexões.

E hoje. depois do que parece ser sete anos, me sinto realizado

Por poder ir dormir e acordar ao seu lado.

No começo sentia paixão, o segundo sentimento de um romance, sendo o primeiro a atração.

Depois o amor tomou conta, nos reconectamos, e para terminar

Digo que ficou muito mais lindo o brilho do luar.

***

Quando me apaixonei, pensava em você todos os dias, ansiava pelo tempo em que conversávamos, contava as horas para que a noite chegasse e eu pudesse te ligar e os dias para podermos nos ver.

A paixão durou alguns meses repletos de cores e vida, mas algo a ser mencionado é que, quando estamos apaixonados, temos a tendência de transparecermos só o nosso melhor e, algumas vezes, observamos só o melhor da outra pessoa também.

Quando, porém, o amor toma conta, passamos a abraçar o todo e nos entregamos em nossa totalidade, isso torna tudo muito mais incrível, vívido e belo.

Sobre Nossas Travas

Ano passado percebi que meu potencial era travado por mim mesmo, a partir das travas do pensamento. Concluí que a forma que pensamos influí decisivamente na qualidade das nossas ações.

Durante minha adolescência, fui um assíduo jogador de Call of Duty. Fiquei consideravelmente bom nesse jogo, no modo online, mas me desfiz do PS3 que tinha para jogar. Foi a primeira coisa que usei para fugir da realidade, seguida por animes, bebida, maconha e terminando nos mangás. Digo fugir porque ia bem fundo no consumo dessas coisas, com bebida era menos denso, porque não conseguia me embriagar todo dia. Fumava maconha todos os dias: logo ao acordar, antes do almoço, depois do almoço, antes de jogar videogame, passeando com o Ninja, antes de dormir. Com animes e mangás fantasiava o dia todo nos universos das histórias. Vejo, hoje, que fazia o que podia para fugir da realidade.

Ano passado, ganhei do meu pai um Playstation 3. Junto dele, veio um jogo da franquia Call of Duty. Voltei a jogar por nostalgia e, depois de algum tempo, minha performance começou a se aproximar da que tinha quando jogava todas as tardes, de domingo a domingo. Conseguia ir muito bem, mas em um ponto me perguntava com dúvida: "até quando serei capaz de manter este nível?"

Todas as vezes que pensei nisso meu rendimento caiu consideravelmente. Perdi o foco e a ansiedade tomava conta. O resultado de pensar que não iria conseguir era realmente não conseguir. Uma outra vivência dessas foi quando estava me desafiando num *quiz*. Comecei pontuando muito bem, até que me peguei fazendo a pergunta desestabilizadora: "até quando conseguirei manter esse padrão"? Mesmo resultado – decaí no meu desempenho e não consegui bater meu recorde anterior.

Posso dizer que o contrário também me ocorreu. Muitas vezes, quando resolvia correr, chegava no meu limite e me estimulava a ir só mais um pouco além. E todas as vezes que me pressionei a ir além, fiquei surpreso com o quão além consegui chegar.

No tênis de mesa, quando pensava que iria jogar sério, mesmo que já estivesse dando o melhor de mim, meu desempenho dobrava, algumas vezes até virando partidas que considerava perdidas.

Muitas de nossas travas são delimitadas pelos nossos pensamentos. Sabendo disso, por que não ajustamos a balança para a medida contrária, usando nosso poder do pensamento de forma que nos impulsione a ir além?

Uma das primeiras vezes que fiz isso de forma consciente foi numa prática de parkour. Tenho um amigo que queria se tornar um traceur profissional – traceur é nome dado a quem pratica parkour. Para apoiá-lo, sempre que tinha tempo, treinava com ele. Em um desses treinos eu estava em um estado incrível de *mindfulness*. [2]

---

[2] Recomendo a leitura do pocket book *Mindfulness e meditação* do professor DeRose para saber mais sobre o tema. Existe um outro livro do mestre DeRose chamado *Meditação e autoconhecimento*, mas desse não posso falar nada pois ainda não o li. Caso o leitor ou leitora tenha curiosidade de se aperfeiçoar no tema da meditação, pode ser uma boa fonte de aprendizado. Não tenho a propriedade necessária para explicar sobre o tema, só posso falar das experiências que tive vivenciando este estado.

Conseguia me visualizar fazendo os movimentos perfeitamente e em seguida os executava; tive os resultados que me visualizei obtendo. Foi o melhor treino que tive, o mais fluido, baseado em retirar as travas de me ver fracassando. Deixei de pensar no medo ou em qualquer coisa além de "praticar o melhor que consigo".

Após esse relato, pergunto ao leitor ou leitora:

Quando se põe a executar uma tarefa, que pensamentos tem ao executá-la? A tendência é criar ou remover travas?

O que pode fazer para obter o resultado desejado?

Já sentiu a satisfação de ter feito algo que pensou não ser capaz de fazer?

Se permitiu desfrutar dessa felicidade?

Usa ela a seu favor?

Sempre que estiver passando por um problema que considerar muito difícil, lembre-se de como se sentiu no problema anterior e de como se surpreendeu ao conseguir solucioná-lo.

Todo problema tem uma ou mais formas de ser solucionado. Só é problema porque existe solução.

Sobre Polaridades

Dia e noite, calor e frio, sol e lua, masculino e feminino, negativo e positivo, cara e coroa. Quantas coisas mais se apresentam como dualidades? O certo e o errado? O bom e o ruim? O bem e o mal? Se bem que este último par tenho convicção ser somente questão de perspectiva.

Se estamos num momento negativo, o que precisamos fazer para mudar o polo? Como extrair algo positivo disso?

Podemos trocar vários conceitos, olhando para o ponto que possamos crescer mais. Depende inteiramente de nós a interpretação dos fatos; está em nosso poder escolher como eles vão nos impactar. Nesse aspecto, a vitimização e a terceirização travam nossa evolução. Como vamos aprender com nossas imaturidades se colocamos nossa culpa em outras pessoas?

Por outro lado, ao nos colocar como responsáveis por todos os nossos atos, tendo em mente o que queremos melhorar, alavancamos nosso aprendizado e potencializamos nossa evolução.

Aprender para mudar e mudar aprendendo. Se quero mudar a minha realidade, o que posso fazer de novo? Que hábitos estão me estagnando? Qual a outra polaridade disso?

Para mim é a preguiça, o que trava minha realidade. Estou transmutando isso, agindo e fazendo o que quer que seja no momento do agora, assim que surgir.

Criei há uns meses uma rotina e a nomeei de a "Rotina do Sucesso". Ela consiste em acordar às cinco da manhã, todos os dias, e fazer umas séries de exercícios, começando com meditação, passando para minha coreografia de SwáSthya Yôga e depois, para a escrita de minhas reflexões. Dei o nome de "Rotina do Sucesso" para estimular e trazer para perto de mim várias formas de sucesso na minha vida. Considerava uma manhã de sucesso acordar e fazer a rotina que criei. Incorporei conceitos e a "Rotina do Sucesso" evoluiu para o "Dia do Sucesso". Com ele criei uma fórmula para mudar meu karma, a Rotina do Sucesso passou de um chamariz para a energia do sucesso e se tornou uma técnica para mudar a minha realidade, do polo onde se está para o polo aonde se quer ir. O tema da visualização tem se tornado pertinente para estudar, praticar, assimilar e utilizar na técnica.

Contei sobre a "Rotina do Sucesso" porque deixei que a preguiça a travasse. Comprovei sua eficácia logo no primeiro mês de prática, mas depois ela evoluiu para a técnica da mudança de realidade e então estagnei. Começar algo e depois estagnar parecia algo recorrente em minha vida.

Considero essa estagnação e preguiça resultado do período que passei ociosamente jogando videogames, dia após dia, por nove meses, sem sair de casa ou interagir com outras pessoas. Isso afetou minha comunicabilidade e força de vontade para produzir, porém, sei que existe um estado contrário a esse, pelo qual posso me manifestar e é aí que entra a prática de mudar a polaridade na qual me encontro: produzir e me comunicar. Ao escrever este livro estou fazendo os dois.

O exemplo que dei serve para ilustrar que a mudança de polos exige esforço, requer mudança de rotina, é gradual e deve ser mantida até depois de atingirmos a mudança que queremos. Depois de um tempo, assimilamos a mudança e passamos a aplicar essa manifestação naturalmente.

Será que nossos defeitos têm um polo positivo?

Podemos transmutar todos os nossos defeitos em qualidades.

*Recomendo aqui mais um título do Professor DeRose, *Karma e Dharma*, disponível gratuitamente no site https://home.derosemethod.org/

Sobre Priorização

Precisamos definir nossas prioridades, principalmente na era digital, quando podemos acessar quase uma infinidade de informações pela internet. O conhecimento nunca esteve tão acessível e, partindo do princípio da dualidade das coisas, este monte de informação se torna ruim quando não definimos nossas prioridades.

A vivência que me fez escrever este capítulo foi minha priorização em escrever em um momento no qual estava com vontade de fazer outra coisa, pensando em outra coisa, quase que a visualizando. Parei e refleti se ela era minha prioridade. Constatei que não, o livro era.

Uma vez me consultei com um astrólogo. Ele foi muito pontual ao me dizer que estava me esforçando em várias coisas ao mesmo tempo e que, por consequência disso, não conseguia fazer com excelência nenhuma das coisas que dividiam minha atenção. Enquanto conversávamos, lembrei da época do colegial, quando participada do time de futebol e, simultaneamente a isso, estava inscrito para participar do torneio de tênis de mesa. Infelizmente as partidas foram marcadas para o mesmo horário. Como não queria deixar o time de futebol sem goleiro, abri mão do tênis de mesa, mesmo tendo mais chances de vitória neste jogo. O resultado: um dos membros do time começou uma briga nas quartas de final, o que se tornou um grande transtorno e nos levou à desclassificação.

Para refletir 47

Penso que é muito possível se dedicar a várias coisas em um dia, mas ao fazê-las ao mesmo tempo é consideravelmente mais difícil atingir um bom desempenho.

Se levarmos a priorização para outro prisma, o do trabalho, qual é a sua prioridade? Trabalhar por segurança ou por satisfação?

Ser explorado e menosprezado por um salário baixo ou se desafiar a fazer aquilo que gosta?

Sofrer anulação e abusos ou procurar algo novo, empolgante, que estimule e seja prazeroso para você executar?

Particularmente, optei pela opção de sair e buscar meu próprio caminho. Trabalhava com meu pai, aprendendo seu ofício. O homem é um excelente marceneiro, produz os melhores móveis que já vi, porém não tem uma programação financeira que o ajude a enriquecer.[3]

Nunca gostei de trabalhar com aquilo, fazia porque me era mais cômodo. A casa onde morávamos e a marcenaria que trabalhávamos ficavam no mesmo terreno. Algumas vezes não tinha nenhum trabalho para eu fazer; outras vezes ele saia resolver alguma questão pessoal e acabava por ficar o dia inteiro sem trabalhar. Recebia dele mil reais, mais um curso de psicanálise que fazia no período da manhã. Parava antes dele para fazer o almoço e algumas vezes meu expediente terminava bem antes do dele.

Olhando para trás, percebo o quanto estava acomodado – aquilo não me era prazeroso. Por fim, decidi fazer uma sociedade com ele, na qual eu me propunha a entrar na marcenaria no mesmo horário que ele, sair na mesma hora, além de ficar responsável pelo financeiro, fazer a comunicação

---

3 Recomendo a leitura do livro *Segredos da mente milionária*, de T. Harv Eker, para entender mais sobre programação financeira. Ainda estou aplicando o que ele ensina no livro, portanto, não posso escrever muito sobre isso.

com os clientes, e divulgar o trabalho com a condição que meu salário aumentasse mil e quinhentos reais e que fosse pago num prazo determinado, todo de uma vez.

Priorizei o trabalho com ele e decidi fazer meu trabalho também. Ainda não gostava de fazer aquilo e continuava apenas pelo comodismo. Não fomos para frente, meu pai não confiou o suficiente em mim para ser aberto com relação ao financeiro, tampouco levou a sério minha proposta e dedicação diária em tornar o negócio grande como um dia foi. Para ele estava bom do jeito que estava, mas, para mim, não. Então eu saí.

Priorizei trabalhar com algo que me fizesse acordar às cinco da manhã disposto e empolgado, algo que me permitisse trabalhar nos fins de semana e feriados com total satisfação. Assim nasceu a Conexões Luna.

Para que isso acontecesse precisei definir como prioridade a minha satisfação, arriscar tudo em nome disso, comer do amargo fruto da insegurança, tentar, errar inovar, e recomeçar.

Escrevo hoje em processo de recomeço, mais leve e experiente, mais maduro e feliz.

Priorizei isso e foi o que consegui.

Sobre Anulação

Existe uma enorme diferença entre fazer uma concessão e se anular. Em uma se faz tendo autoconfiança e tranquilidade, e na outra com desvalor por si mesmo.

Por algum tempo eu não sabia a diferença; me anulava achando que estava fazendo uma concessão. Nenhum sentimento bom resultou disso.

Minha mãe é uma das pessoas mais fortes que conheço. Ela se anulou boa parte do casamento, um casamento conturbado e destrutivo, penso que ela nunca deixou de amar meu pai, mas, graças aos tormentos que sofreu, eu pude, de uma forma distorcida, viver com ambos os pais por um período. Sempre estranhei a falta de carinho e a forma áspera com que se tratavam; algumas cenas que vi, meu subconsciente me fez esquecer. Via minha mãe sempre infeliz, em um dos quartos fazendo bijuterias para vender em uma feira no centro da cidade. Dizem que a tristeza e a infelicidade nos fazem adoecer, mas nunca a vi doente. Ao pensar sobre isso me dou conta de que foi por uma capacidade que ela possui, algo que faz com que essa pessoa seja incrível. Ela me ensinou sobre o perdão, esta foi sem dúvida sua mais valiosa lição para mim.

Ela perdoou meu pai, e penso que, ao ter ensinado para nós dois esse sentimento nobre, minha mãe contribuiu para que ele mudasse e se tornasse uma pessoa mais civilizada.

Vejo hoje o quanto ele evoluiu, sua fisionomia, seu modo de vestir e de falar.

Algumas pessoas com intenções muito boas, tendo um coração cheio de amor e carinho, partem do princípio de consentir e acabam por se anular, algumas vezes deixando os outros passarem dos limites com elas, ou agindo contra seus princípios por medo de represálias.

No meu caso, a anulação estava intrinsicamente ligada à falta de autoamor e autovalor. Não sabia impor limites e algumas pessoas acabavam por se aproveitar disso. O sentimento sempre foi ruim, como se estivesse permitindo que levassem algo que não queria. Agora, quero que preste atenção na forma que coloquei:

Escrevi "Como se estivesse permitindo", e não "Como se levassem algo".

A diferença aqui e para tudo o que se refere ao nosso microuniverso pessoal é que nenhuma consciência exerce real poder sobre nós, nem o chefe, o cônjuge, os pais, os avós, os filhos, os netos, os professores, os amigos, as autoridades religiosas, ninguém. Somos nós que deixamos os outros terem poder sobre nós, somos nós que permitimos ser machucados, somos nós que podemos colocar um fim nisso, somos nós que estamos no controle de nossas vidas.

A partir do momento em que nos damos conta dessa verdade, muita coisa muda. Algumas pessoas se afastam de nós, outras nós nos afastamos. Podemos mudar de casa, de trabalho, mas nosso centro estará onde deve ficar: em nós mesmos.

Qual o grau de influência você permite que outras pessoas tenham na sua vida?

Já se olhou no espelho hoje e viu o seu real valor?

Sobre a Linha Que Não Deve Ser Cruzada

Todas as pessoas deveriam ter *uma linha que não deve ser cruzada*. Algumas deixam de cruzar essa linha por anulação, outras não delimitaram essa linha para si, e existem aquelas que reagem agressivamente quando alguém cruza sua linha. Também existem aquelas que se afastam das pessoas que cruzam sua linha e eu me enquadro nesse grupo. Vejo que isso é omissão, estou na busca de me tornar parte da parcela das pessoas que se impõem com firmeza e tranquilidade sem deixar seu espaço ser invadido.

Houve uma época em que não tinha definido qual era a linha que não deve ser cruzada. Algumas pessoas, inconscientes do fato ou não, se aproveitavam disso: colegas, amigos, até familiares.

Claro que é preciso definir essa linha sem dramatizar; do contrário se enxerga invasão em ocasiões onde não há.

Não há nada de errado nisso. Quando estamos aprendendo a medida certa de algo, eventualmente, erraremos a dosagem, tanto para mais quanto para menos, mas isso é bom. É sinal que estamos progredindo.

Quando estava definindo a minha linha, cheguei a um ponto em que me aconselharam a colocar casaco para sair no frio do inverno e eu considerei essa atitude como um "passar do ponto". "Mas quem é você para me falar para vestir o casaco? Se não coloquei é porque estou com calor, pare com isso porque você não está no meu corpo para saber se estou com frio ou não".

Devo confessar que em algumas das vezes estava começando a sentir frio, mas por teimosia e para "não deixar que a linha fosse cruzada", não vesti o casaco e passei frio.

Algumas pessoas tomavam a liberdade para serem invasivas e comentarem além do que lhes era pertinente. Quando resolvi pedir afastamento do voluntariado, um amigo que voluntariava no IIPC comigo cruzou a linha, falando coisas para mim que não diziam respeito a ele. Pensei que não valia a pena contê-lo, porque sabia que a visão dele estava deturpada. Hoje vejo que poderia ter colocado um fim naquele tópico, mostrando que aquele assunto não era do interesse dele.

Tive um amigo muito querido, nos conhecemos desde que tínhamos cinco anos de idade. Ao longo da nossa convivência ele cruzou a linha comigo num mesmo ponto específico três vezes, a primeira quando tínhamos nove anos, a segunda quando tínhamos dezenove e a última ano passado.

Na primeira, fiquei um tempo implicando com ele, na segunda fiz vista grossa, comentei com ele o que sentia, recebi uma desculpa e ficou por ali mesmo. Nesta última, expliquei que todos tínhamos uma linha que não deveria ser cruzada e que ele cruzou a minha. Depois disse que ainda o amava e o considerava meu irmão, porém eu queria me manter afastado e pedi para ele não entrar mais em contato comigo.

Não devemos deixar que ninguém, por mais íntimo que seja, ultrapasse nossa linha, pois é o nosso autoamor e autovalor que conta aqui, a confiança que temos em nós mesmos e nossa forma de ver o mundo, de nos manifestar. Claro que quando mais maduros vamos ficando, mais flexível nossa linha se torna.

Tudo que está em movimento está em evolução, nossa percepção do todo também está evoluindo.

Sobre Expandir a Consciência

Tudo que está em movimento evolui, enquanto aquilo que para se mantém estagnado. Quando olhamos mais para o passado do que para o presente, regredimos.

Quando nos damos conta de que estamos em crescente evolução, procuramos fazer e viver coisas que irão nos proporcionar expansão da consciência. O cachorro do meu pai chamado Ninja e o Aquamarim me mostraram isso melhor do que minha atual bagagem sobre o tema.

Encontrei o Ninja quando morava na casa do meu pai, há cinco anos. Em uma manhã, voltando do colégio, o encontrei abandonado perto da minha casa. Foi amor à primeira vista: fiz carinho nele e o convidei para morar comigo, caso ele estivesse disposto a me acompanhar até em casa.

Passado um tempo, Ninja e eu nos acostumamos a sair para correr, sempre nos mesmos lugares. Ano passado percebi que ele estava condicionado o suficiente para passeios mais longos e resolvi levá-lo até um viaduto, a meia hora de casa. Era noite, as luzes dos carros e o clima úmido tornaram bela a vista de cima do viaduto; mais belo do que isso, porém, foi a expressão do Ninja vendo aquilo pela primeira vez, como se o mundo que ele conhecia tivesse se expandido. Não foi o mundo, pois aquele viaduto sempre esteve ali; o que se expandiu foi a sua consciência.

Desse dia em diante, resolvi, algumas noites por mês, levá-lo para conhecer lugares diferentes. A caminhada mais memorável foi uma de quatro horas que fizemos, até a casa onde vivi alguns anos de minha infância, situada na rua Comendador Mariano Torres, Campo Largo, Paraná. A empolgação dele percorrendo o caminho, seu brilho nos olhos ao ver vários ambientes pela primeira vez, foi gratificante. Nunca me esquecerei desse dia.

Quando expandimos a consciência, algumas coisas deixam de fazer sentido. Quando olho para o modo como pensava não vejo como me encaixo, às vezes parece outra pessoa.

As experiências que tive ao longo de 2019 e 2020 foram interessantes. Várias vivências me permitiram e me estimularam a reciclar diversos hábitos e manifestações que não queria mais comigo. É incrível o salto que dei como consciência, comparado aos últimos três anos. Um amigo me chamou para uma atividade. Nós geralmente nos reuníamos para fumar e conversar. No entanto, disse para ele que tinha parado de fumar, de beber e de ir as festas que costumávamos frequentar. Chamei-o para um outro programa, ele deu a ideia de jogarmos futebol. Foi bem interessante essa iniciativa dele, porque estava pensando que nossa relação era de coleguismo e que, quando falasse para ele que não fumava, ouviria um "ah ok, bom dia para você". Por outro lado, ele fez toda uma movimentação, criando um grupo no WhatsApp para marcarmos a data do jogo.

Acontece que as pessoas que participaram do grupo, todos do nosso antigo círculo de amizade, pareciam as mesmas, falavam as mesmas coisas, pensavam da mesma forma, e eu não pensava mais daquela forma, tinha vivido e passado por tanta coisa que minha consciência não se limitava mais ao que antes tinha como universo. Tive que prolongar meu afastamento deles por mais um período, pois tenho experiências amargas em tentar mudar as pessoas, ninguém tem o poder de mudar ninguém, então optei por esperar.

Eventualmente, todos passamos por experiencias que nos fazem refletir e ter uma expansão da consciência. Alguns o fazem viajando para diversos lugares (não sei muito sobre isso porque em minha vida não fiz muitas viagens), outros passam a elevar seu nível intelectual e cultural, a conhecer novas pessoas, a fazer movimentações diferentes do usual, a mudar a forma de falar e de vestir e passam por situações inusitadas, desconhecidas.

Em viagens penso que deva ocorrer tudo isso, porém, conhecer a própria cidade também ajuda quando a opção de viajar não está disponível. Até mês passado, eu não sabia que a UNILIVRE (Universidade Livre do Meio Ambiente) existia. Ela existe e é um lugar incrível, recomendo para todos os curitibanos e visitantes que a conheçam. Quando estive lá, precisava recarregar as baterias. Gabi e eu ficamos sentados conversando, vendo aquela vista linda, sentindo a grama e o ar puro. Foi um passeio muito bom, saímos mais leves, entramos com um dilema e saímos sem ele, posso dizer que essa experiência resultou em uma pequena mas perceptível expansão da minha consciência.

Sobre Espelhos

É incrível a quantidade de coisas que podemos descobrir apenas olhando nosso reflexo no espelho.

A primeira vez que ouvi sobre refletir olhando para o meu reflexo no espelho estava no ensino fundamental. Um comediante que havia estudado na mesma escola ia até lá, de tempos em tempos, apresentar seu número de stand-up.

Em uma das três apresentações que ele fez na época, o comediante nos convidou a ficar por quinze minutos olhando nosso reflexo no espelho – ele disse que precisava ter coragem para o fazê-lo.

Para mim, realmente foi preciso coragem. Demorou um tempo até que conseguisse me olhar no espelho e sentir satisfação. Isso teve muito a ver com aceitação e autoconfiança. Precisei de mudanças intensas em minha vida para poder olhar os meus olhos no espelho sentindo-me bem e orgulhoso com o que vejo. Tive que encontrar meu propósito, pois só encontrar minha força, neste caso, não ajudou muito – faltava definir a forma que me satisfaria e empregá-la.

Em fevereiro deste ano (2020), recebi um amigo muito querido aqui em casa, o Lucas. Ele tem vários traços de força, mas deixa a insegurança falar mais alto algumas vezes. Notando o abertismo, depois de o Lucas consentir, Gabi e eu fizemos um exercício que consistiu em colocá-lo de frente para um espelho. Em um primeiro momento, pedimos para ele apenas se olhar e, após surgir o sinal de desconforto, pedimos para que ele falasse suas impressões daquele reflexo, como se estivesse falando sobre uma outra pessoa. No começo foi difícil para ele encontrar adjetivos para se nomear, mas eventualmente conseguiu. Por último, pedimos para que se olhasse com mais atenção e profundidade do que antes, para encontrar quatro traços de força dos quais ele se orgulhava.

Tivemos que ajudá-lo a encontrar o quarto; o traço de coragem é uma qualidade inata a qualquer pessoa que topa fazer este desafio. Lembrando o leitor ou leitora que a última etapa do exercício, caso queira fazer, é escrever os traços de força em um papel e começar a empregá-los com consciência, ao mesmo tempo em que busca a descoberta de suas qualidades, aumentando a lista para oito na semana seguinte. A lista aumenta a cada semana.

É preciso coragem para olhar para nós mesmos. Todos temos coisas que nos orgulhamos e coisas que repudiamos em nós.

Olhando para os outros conhecemos melhor a nós mesmos, como se toda a ação que repudiamos nas outras pessoas fosse um espelhamento de ações que cometemos e que repudiamos em nós mesmos. É muito mais fácil se indignar com os outros do que consigo e isso é muito preciso: sempre que se pegar reclamando de algo que outra pessoa faz, pare e reflita onde foi que cometeu essa mesma ação.

Algumas vezes presenciei pessoas falando comigo, mas as palavras eram para elas mesmas, como se estivessem falando com um espelho, em diversos estados de espírito diferentes. Iradas, pensativas, reflexivas, afirmativas e negativas.

Sabedoria é perceber quando as pessoas estão falando consigo mesmas através do diálogo com você e as tratar com carinho e compreensão. Algumas vezes isso impede que brigas e desentendimentos aconteçam. Além disso, é sábio reconhecer quando o que falamos para os outros na verdade é para nós mesmos. Reconhecer esse fato é um passo importante para a mudança.

Vejo como é importante buscar perceber em nós os comportamentos de outras pessoas que nos incomodam e esforçarmo-nos para mudar a nós mesmos. É incrível o que acontece quando fazemos essa mudança, o comportamento alheio para de nos influenciar de forma negativa e ficamos mais empáticos para a manifestação das outras pessoas.

Sobre Nossa Essência

Na busca por nós mesmos, algumas vezes acabamos perdendo de vista algo muito importante: a nossa essência.

Quando queremos fazer um movimento porque estamos insatisfeitos com o rumo atual das coisas, não sabemos aonde ir ou o que fazer, acabamos testando o que aparecer até encontrar o caminho correto. Algumas vezes leva meses, em alguns casos anos, para assim voltarmos ao ponto certo, trazendo belas experiências e muitas vivencias dos caminhos que percorremos.

No entanto, existem aquelas *vezes* em que o caminho parece muito convidativo, como uma casa no meio da floresta, feita de doces. Sabemos que não devemos ficar muito tempo ali, mas é uma sensação arrebatadora, podemos acabar cedendo e nos permitirmos ficar. Nunca antes "doce engano" fez tanto sentido para mim quanto agora.

Alguns anos atrás, estava pesquisando a fundo sobre esoterismo, me encontrava profundamente curioso a respeito da Umbanda. Ela foi criada no Brasil e eu queria conhecer melhor uma religião nativa do país onde nasci.

A irmã de um amigo trabalhava num terreiro, então pedi para ele uma forma de entrar em contato, arrumei uma desculpa e fui jogar búzios com o pai de santo da casa.

Chegando lá, senti que não era por ali o meu caminho, ignorei minha intuição, pois estava bastante curioso para aprender e desbravar aquele mundo.

Resultado: passei nove meses lá e foi uma expansão da consciência, se olharmos pelo lado que descobri um mundo completamente novo. Mas não era meu caminho, não fazia parte de lá e, no período que transcorreu minha estadia naquele ambiente, distanciei-me da minha essência.

Não devemos deixar nada nos afastar de quem realmente somos, da nossa essência, mesmo que no começo não tenhamos nos dado conta e a coisa começou a tomar grandes proporções. Não vale a pena ceder à pressão para continuar e vestir uma máscara para fazer aquilo sem sentir felicidade genuína. Não importa que se tenha percorrido muito da estrada antes de perceber estar se perdendo, volte assim que se der conta.

Não sinta vergonha, e nem invente a desculpa de já ter chegado longe para continuar a trilhar o caminho que não sente que deve. Use o que aprendeu e viveu como experiência para o restante da jornada, pegue outro caminho, nem que tenha que ocorrer mais alguns desencontros até que venha a se reencontrar.

Esses aprendizados fazem parte da vida, e os vivenciando, aprendemos a ir aonde for, lembrando sempre de quem somos e do porquê decidimos ir aonde vamos. Se sentir que não é por aquele caminho que deve andar, mude.

Algumas coisas precisam ser experienciadas para serem compreendidas.

Mesmo que o caminho seja cheio de vida, luz, fama, sucesso e bons ganhos materiais, nada disso valerá a pena se em troca tivermos que perder quem somos. Prefiro continuar com a minha essência, pois assim sei quem sou e o que eu quero, e, portanto, sempre viverei feliz buscando e realizando o que me satisfaz.

Sobre Algumas Decisões

Em determinados momentos da vida, temos que tomar algumas decisões que irão impactar fortemente o nosso futuro próximo. Várias delas são necessárias, mesmo que dolorosas.

Tive que restringir o contato com meu pai a telefonemas. Ele passou do meu limite, não admite que errou e não está aberto para reciclar determinados traços. Penso que, agora, ele não quer ver isso, mas cada um tem seu tempo de mudança e, enquanto não admitimos certas coisas em nós mesmos, teremos a tendência de cometer os mesmos erros novamente. Por causa disso, tive que me distanciar dele, foi uma decisão difícil, mas foi o melhor para todos.

Algumas decisões serão difíceis de tomar e difíceis de manter, mas devem ser tomadas e mantidas, pois elas dizem bastante sobre nossa seriedade e comprometimento para conosco.

Eventualmente, seremos tentados a tomar determinadas decisões no calor do momento e, certamente, iremos nos arrepender delas. Nesses momentos, voltar atrás com o que decidimos pode ser a decisão mais sábia a ser tomada.

Algumas decisões que tomamos nos enchem de orgulho. Quando, por exemplo, priorizamos aquilo que faz sentido para nós, vamos em frente apesar das adversidades, nos mantemos firmes na nossa decisão e ela se prova correta. É gratificante e nos dá mais confiança. Isto é algo que devemos ter, confiança na nossa tomada de decisões, mesmo naquelas que irão reverberar durante muito tempo

Sobre o Rumo Que Definimos

Há quem diga que a parte fácil da caminhada é definir um rumo. Discordo em partes, pois nem todos nascemos com o que queremos fazer definido. Alguns se perdem no meio de tanta informação que a era digital proporciona, mas quando definimos um rumo a tomar as coisas começam a ficar interessantes. Muita coisa tende a acontecer, vários eventos inesperados e ajudas inusitadas.

Penso que a melhor parte de uma viagem não é a chegada ao destino, mas sim o caminho que nos levou até ele. Nesse caminho o que aprendemos? O que tivemos que desenvolver? Foi preciso tomar algum atalho? O que vimos no trajeto?

Chegar ao destino é uma consequência da estrada que trilhamos; devemos manter o foco em aonde queremos ir, nos lembrando de aproveitar muito bem o caminho.

Já tentei andar por aí às cegas ao estilo do "deixar a vida me levar". Sabe o que aprendi? Aprendi que ao andar por aí com a pretensão de chegar a lugar nenhum é exatamente para esse destino que a caminhada vai levar – para lugar nenhum.

Algo que vale a pena mencionar aqui é que definir o rumo com ansiedade, medo, raiva ou no calor do momento não são das escolhas mais inteligentes a se fazer. Devemos ter bem definido para onde queremos ir antes de começarmos a andar e a flexibilidade necessária para, eventualmente, ter que mudar o rumo. Tudo isso faz parte do aprendizado. Quando ficar bem esclarecido para nós que tudo que vivemos nos ensina algo, alguns temores desaparecem.

Não digo que tudo vai ficar mais fácil, mas conseguimos definir mais livremente para onde queremos ir, qual rumo tomaremos adiante, e como podemos fazer para aproveitar toda a caminhada.

Na minha caminhada para a independência financeira, me deparei com vários livros que estão me ajudando a ajustar o rumo que tomo. Dentre eles, vale destacar alguns dos que já li, *Sucesso*, do Mestre DeRose, *Pai rico, pai pobre*, de Robert Kiyosaki, e *Os segredos da mente milionária*, de T. Harv Eker.

Na caminhada da Conexões Luna, definimos um rumo e caminhamos até o ponto que julgamos necessário tomar outro caminho. Na escrita deste livro, por exemplo, o rumo que inicialmente pensei em seguir não era este mas, quando comecei a escrever, fluiu com mais naturalidade desta forma.

Pessoas controladoras demais – eu me encaixava aí –, costumam ficar desorientadas quando definem um rumo e se deparam com imprevistos, algo que foge do controle costuma causar uma "pane no sistema". Vale a pena abrir mão de tanto controle e se desafiar a seguir sem criar expectativas.

Esta ideia de não criar expectativas, recomendo a todos os leitores e leitoras experimentarem. Criar expectativas é o primeiro passo para a frustração. Dificilmente tudo vai ocorrer como planejamos, é bom aprendemos a lidar com a frustração, e também aprender a não criar expectativas. É igualmente valioso começar a ver a frustração de outra forma, porque seja qual for do rumo que escolhermos seguir, uma hora ou outra iremos nos frustrar. Não que a frustração seja algo ruim, afinal, independentemente do que decidimos, podemos aprender e evoluir com qualquer caminho, qualquer experiência.

Sobre Gratidão

Alguns dias atrás acordei bastante satisfeito com a vida, e agradeci por muitas coisas: minha casa, as roupas que uso, os livros que li, a comida que posso saborear, a família, as oportunidades que a vida me deu, os desafios que passei, os desafetos que conquistei. Foi uma manhã muito rica porque quanto mais agradecia mais radiante o dia parecia. Agradeci ao sol, às nuvens, à grama, aos meus vizinhos, fui agradecendo a tudo o que pude pensar.

Notei que tinha um costume bem ruim de reclamar quando alguma coisa não saia do jeito que queria. Percebi naquele momento o quão pequeno aquilo era comparado com a gratidão que estava sentindo, que devo sempre sentir-me grato pelo que tenho, pelo que existe, pelo que posso fazer e aprender.

Pude sentir na pele a diferença de energia, programação mental e vitalidade que as pessoas gratas têm. Não importa o quanto possa parecer difícil, o que temos para agradecer ainda é maior do que as coisas pelas quais reclamar.

Gratidão é um tema cheio de luz. Ao escrever essa palavra visualizei o sol em sua plenitude, com raios dourados iluminando minha tela mental. É incrível como essa palavra transmite calor; basta escrever sobre gratidão para o sono ir embora e a disposição se elevar, a vida se tornar mais clara, mesmo estando escuro, mesmo sendo noite.

A Gabi e eu tínhamos uma técnica. Quando as coisas estivessem complicadas e tensas nós iriamos agradecer. Isso funciona muito bem para mudar os pensamentos negativos para pensamentos mais sadios.

Mesmo tendo o costume de agradecer, confesso que só cheguei ao estado de plena felicidade e gratidão uma vez, na manhã seguinte após começar escrever este livro. Acordei feliz e realizado, e penso que é isso o que acontece quando plantamos algo que nos enche de satisfação.

O segundo maior estado de felicidade e gratidão foi quando recebi o primeiro *feedback* a respeito deste livro. Vi que ele cumpriu o propósito ao qual foi criado, me senti grato, realizado e feliz.

Demonstrar gratidão com as pessoas e para as pessoas é igualmente importante, válido e enriquecedor. Aquela pessoa que nos ajuda em um momento de dificuldade, que para o que está fazendo quando pedimos ajuda, que nos visita quando ficamos doente, que nos dá um bom dia quando passa por nós na rua.

A expressão delas ao receber nossas palavras e gestos de gratidão são de aquecer o coração. Sinto imensa gratidão pelas vezes que pude proporcionar alegria para as outras consciências e pelos momentos de dificuldade em que pude aconselhá-las. Me sinto profundamente grato a você que está lendo, então proponho agora um exercício:

Quero que feche os olhos e agradeça, seja lá o que sinta que deve agradecer, simplesmente agradeça e sinta o poder da gratidão.

Sobre Intuição

Há um tempo me desafiei a escrever um livro focado em intuição, com o intuito de conscientizar as pessoas dessa habilidade inerente de todo ser humano.

Alguns são naturalmente mais intuitivos do que outros, mas todos têm um espaço para cultivar e desenvolver a intuição. A ideia era escrevê-lo de modo totalmente intuitivo, mas não fui bem-sucedido. Ainda estou cultivando o estado onde consigo me manter sempre ouvindo a sutil melodia da intuição.

É incrível! Já se deu conta que possui um "sentido aranha" parecido com o do Peter Parker?

Alguma vez sentiu que não deveria ir a tal lugar, mas foi mesmo assim e aí algo desagradável ocorreu?

Já sentiu que deveria falar algo para alguém e recebeu a devolutiva que aquilo ajudou a pessoa com um dilema que ela estava passando?

Seu telefone já tocou e você sabia quem era que estava ligando antes mesmo de conferir?

Para abordar esse tema com propriedade sinto que devo estudar ele mais a fundo, e desenvolver melhor a minha intuição para poder falar com propriedade.

Já passei por todos os casos que foram mencionados aqui, então posso dizer que sei da sensação, já ouvi e não ouvi a intuição. Em alguns momentos ela, que é naturalmente tão sutil, se torna bem evidente sobre algumas coisas.

Uma vez, vi as escadas que davam para uma determinada casa e fui convidado a subir. Sabia intuitivamente que não deveria, parecia que a escadaria tinha ficado hostil, tudo em mim implorava para não subir, por anulação (não sabia como recusar o convite de forma polida, penso hoje que seria melhor ter recusado de forma grosseira mesmo, o importante era não ter subido) acabei por subir as escadas, vi uma porta lateral na varanda aberta e, novamente, foi me feito um convite para entrar. Nesse momento um sentimento tão claro, como uma voz, pareceu rugir em minha mente, me aconselhando a NÃO ENTRAR PELA PORTA. Resolvi ouvir afinal, já que a intuição, aquela mesma que se comunica por um veio totalmente sutil, foi tão incisiva ao me instruir disso, devo presumir que a situação vai complicar. Estava certo, passei por uma das situações mais desagradáveis desta minha existência e, por consequência dela, tive que tomar duas decisões: preciso ter pulso firme para seguir em frente e me entristece ter tomado, mas precisei fazê-lo. A outra foi mais um lembrete para buscar sempre ouvir a minha querida amiga intuição.

A maioria das pesquisas que fiz sobre a intuição parte do princípio de que esse fenômeno é um mecanismo para identificarmos de antemão situações ruins. Sei que ela também avisa sobre aportes do universo que podem ser recebidos. Certa tarde, estava desanimado para ir em uma reunião que ocorria todas as quartas-feiras para os voluntários do IIPC de Curitiba, mas senti que deveria ir, e que algo bom iria acontecer. Decidi ir, mesmo sem vontade, e foi uma das melhores reuniões que participei e ainda ganhei um livro de um dos meus professores do Curso Integrado de Projeciologia, (um curso muito bom da Conscienciologia). Para mim, esse professor é um dos melhores docentes de lá e um dos amigos mais queridos que fiz no meu tempo como voluntário.

Aprender a ouvir a intuição é algo que com certeza vale a pena. Não me arrisco em dizer como busco conseguir, pois temo que não seja o melhor e nem mais completo caminho, mas se estamos falando sobre ela, talvez cada um deva aprender a ouvir a sua intuição de forma espontaneamente intuitiva.

Sobre Perdoar

Já abordei aqui sobre um dos sentimentos mais nobres que senti, o da gratidão. Agora falo sobre outro igualmente nobre, bonito e engrandecedor: o perdão.

No começo achava que perdoar era o mesmo que ser complacente com atitudes que nos ferem, mas percebi que não é a mesma coisa.

Penso que perdoar tem muito mais a ver com aceitar na totalidade o ato cometido, compreendendo quem o cometeu, tirando do nosso íntimo toda e qualquer parcela de ressentimento que possamos nutrir pela pessoa que nos atingiu.

Ouvi falar sobre perdoar alguém antes mesmo da pessoa cometer o ato em si. Isso é possível com aquelas pessoas de nossa convivência, que sabemos ter como tendência se manifestar de determinada forma quando algo específico acontece, prever que o ato vai acontecer e perdoar a pessoa antes mesmo de ela se manifestar negativamente.

Essa é uma teoria muito boa, mas ainda não fui capaz de praticá-la, portanto não tenho nenhuma experiência ou relato para trazer a esse respeito. Achei interessante falar sobre ela aqui porque penso que alguém terá oportunidade de fazer essa prática.

Perdoar alguém nos desvincula de qualquer laço negativo que possamos vir a ter com a pessoa.

Em 2008, eu era uma criança bem encrenqueira, tinha onze anos na época. Numa de minhas aventuras acabei brigando com um vizinho. Depois de alguns dias, fizemos as pazes, houve ali um perdão por parte deste vizinho e de sua família, essa consciência me considerava um bom amigo, digo que considerava porque eu não era, ele me contou um segredo que o envergonhava e eu não mantive o segredo – isso acarretou sua ira, e brigamos de novo. Eu era três anos mais velho que ele e nossa segunda briga foi o limite da família dele.

Anos mais tarde, o pai dele voltou do Canadá, e ao ficar sabendo do que aconteceu, estimulou o filho a se vingar. O condomínio em que morávamos virou de cabeça para baixo. Hoje sou grato porque esse evento freou meu potencial agressivo, contribuiu para que eu me tornasse uma pessoa melhor e ainda me ensinou sobre o perdão.

A última vez que encontrei o pai desse menino, em 2017, ele me lançou um olhar de intimidação. Foi ali que percebi que perdoar desata alguns círculos viciosos, e não perdoar nos mantêm atados com nossos algozes.

Pude constatar que guardar mágoa ou rancor de alguém nos enfraquece, portanto, perdoar se torna uma cura, para os holísticos a cura da alma. Eu penso que é a reestruturação de um equilíbrio psicossomático.

Uma nota de agradecimento e homenagem a Silvana do Rocio Szczepanski, por ter me ensinado uma das mais valiosas lições que tive na vida. Sou muito grato por tudo que me ensinou, mas guardo um carinho e admiração especial por essa lição em particular, a de perdoar.

Sobre Seguir Em Frente

Cresci brincando praticamente todos os dias com dez consciências – morávamos todos no mesmo condomínio. Na adolescência, mantive contato e amizade com cinco, nove continuaram no mesmo condomínio, mas paramos de nos comunicar e hoje posso dizer que conservei a amizade com um, dois talvez, e não moro mais naquele condomínio.

Quando criança fui bem próximo de dois primos e duas primas. Na adolescência, continuei entrosado com dois primos e, hoje, nenhum.

Todos estamos caminhando, cada um no seu ritmo e intensidade. Mesmo que hoje não esteja próximo de todos que me são queridos, sei que isso é só questão de tempo. Um dia nos reencontramos, e nesse dia trocaremos experiências, bons aprendizados, risadas e conselhos, afinal, todos estamos seguindo em frente, cada qual com sua forma única de caminhar.

Sei que não posso pegar ninguém pela mão para trazer comigo; não seria justo com a pessoa que estou levando e nem comigo que me esforçarei indevidamente. É um gesto muito lindo o de soltar.

Estou muito empolgado para ver a vista no alto da montanha, a expansão da consciência que terei, a definição do próximo destino. Antes de pensar no que fazer *após* chegar ao destino, quero primeiro curtir a vista e saborear o momento junto com as pessoas que me acompanham. Essas que apareceram fazendo movimentos semelhantes aos meus, trocando conselhos, criando conexões e vínculos inquebrantáveis de amizade e companheirismo, conhecendo o ritmo próprio e o dos demais, nos estimulando a cada dia dar mais um passo em direção ao que almejamos.

Uma vez, um colega me disse que não adianta nada querer fazer algo sem ter definido um ótimo porquê de o fazer. Qual a intenção por trás da ação?

Minha intenção de seguir em frente é evoluir, evolução constante, buscando expandir a consciência e ir mais longe, com as pessoas que amo, trabalhando com o que gosto, vivendo a vida que desejo, um dia de cada vez, um passo de cada vez, mas, inevitavelmente, seguindo em frente.

Quais são as suas motivações para seguir em frente? Elas te satisfazem ou somente lhe contentam?

Sobre Mudanças de Rumo

Se o caminho por onde você está indo deixou de lhe satisfazer, considere mudar de rumo. Pare um minuto para respirar e depois recomeçar. Algumas vezes, como consequência de um aumento de lucidez decorrente das experiências de vida, o rumo atual deixa de parecer o mais adequado para caminhar. Talvez estejamos fazendo com pesar uma atividade que começamos porque nos dava prazer. Dessa forma, nessas horas, para que a atividade não se torne desagradável, vale a pena procurar uma nova forma de executá-la, reestruturando-a, inovando, aprimorando-a de alguma forma.

Isso às vezes requer um afastamento temporário de onde estamos e do que estamos fazendo, porque quando estamos perto demais de uma coisa acabamos não conseguindo olhar com clareza para o todo. Nessas horas uma mudança temporária de rumo se torna muito bem-vinda.

Gabi e eu estávamos desgostosos com a forma que estávamos conduzindo o nosso projeto, exageramos na pressão, estava cansativo e desgastante trabalhar, o demônio chamado contas a pagar gargalhava assustadoramente para nós, nossa casa estava ficando pesada e hostil, precisávamos fazer alguma coisa ou então iríamos perder o gosto pelo nosso trabalho. Decidimos então nos afastar dele por um tempo, fomos até a UNILIVRE, assistimos vários filmes, lemos livros, passamos um tempo com a Vó Mago (minha querida avó materna, mulher importante na minha criação), fomos a parques. De uma semana para outra, mudamos totalmente de rumo.

O resultado disso foi muito bom, afastamos medos, inseguranças, recuperamos o prazer no nosso trabalho, nossa vida em conjunto se tornou melhor do que antes e nosso vínculo mais intenso. Aprendemos várias coisas novas, em uma semana.

Bem, voltamos para o nosso projeto porque é o que queremos fazer. Mudamos várias coisas, tornamos ele muito melhor do que era. Isso só foi possível mudando de rumo, permitindo que *insights* inusitados chegassem, vivendo o novo. Acho que esta é *a* grandeza em eventualmente mudar o rumo, descobrir coisas novas.

Sobre Despedidas

Sob certos aspectos, eu amo as despedidas. Amo me despedir de velhos paradigmas, crenças limitantes, dias tempestuosos. É muito gratificante o sol que sucede a tempestade, quando todos os ossos e fibras do nosso corpo estão fatigados de passar por ela.

Agora, existem despedidas mais tristes, quando nos despedimos de alguém querido. Mesmo que temporariamente.

Sim, é triste, mas não tem por que dramatizar, não é o fim do mundo e sim um evento que muitas vezes acaba por ser o melhor para todos.

Interessante como meu emocional ficou mais triste quando escrevi o nome deste capítulo. Para mim despedidas sempre foram um tanto quanto melancólicas.

Lembro de um evento que aconteceu quando tinha oito anos: um amigo do colégio estava se mudando, ele se despediu de mim de uma forma dramática, penso que, para aquela consciência, a despedida também estava sendo complicada, afinal éramos crianças, nosso ir e vir era um tanto limitado (por sermos crianças), e como nossas mães não eram amigas, muito menos conhecidas, a chance de nos reencontrarmos era bem baixa. Fiquei um bom tempo triste com a despedida. Percebi que teremos vários amigos ao longo da vida, cada amizade com seu tempo e importância, algumas nós gostamos mas convivemos pouco tempo, outras permanecem conosco durante longos anos, mas, eventualmente, ocorrem despedidas, afinal estamos todos caminhando e não necessariamente as caminhadas levam ao mesmo lugar.

O evento que torna as despedidas gratificantes é o reencontro, principalmente depois de bons longos anos de distanciamento, pois a evolução que se percebe é algo digno de nota.

Estou próximo de vivenciar mais uma experiência dessas, mas para que essas vivências aconteçam de forma plena é interessante nutrirmos sempre um amor desapegado, do contrário a despedida pode se tornar dolorosa, e, em muitos casos, o reencontro retardado, até que se aprenda a soltar.

É curioso quando tentamos prender algo ou alguém a nós; essa pessoa tenta se afastar com todas as forças. Agora, quando soltamos, se existe carinho, há o retorno, por isso digo que as despedidas são em sua maioria temporárias.

Sobre o Tempo Das Coisas

É engraçado como tudo tem seu tempo de acontecer. Algumas vezes tentamos acelerar algo e, com isso, perdemos o resultado ideal, da mesma forma acontece quando deixamos a hora de agir passar.

Às vezes o tempo nos diz para nós ficarmos em silêncio, quando o escutamos recebemos valiosos ensinamentos, quando não silenciamos perdemos essa aula – é sempre importante aprender a sentir o tempo das coisas.

Tem horas que devemos agir, mas, por insegurança, ou dúvida, deixamos esse momento passar. Como saberemos se fizemos a escolha certa? Realmente existe uma?

Se não existir, então o tempo se torna relativo até certo ponto. Quando buscamos conquistar algo sem estarmos preparados podemos ser repelidos até nos tornarmos aptos a essa conquista realizar.

O tempo do passado acabou, o tempo do futuro ainda não chegou, quando ficamos demais no passado ou no futuro deixamos passar o mais importante, o tempo do presente.

Permanecendo com o foco no presente, começamos a respeitar o tempo das demais coisas, por, primeiramente respeitarmos o nosso. Passamos a entrar em sintonia com o tempo do universo.

É preciso paciência para não irmos rápido demais e iniciativa para não perdermos a hora.

Gosto de comparar o tempo de esperar, o tempo certo de fazer algo, com o tempo de atravessar uma rua. O que aconteceria se tentássemos atravessá-la no momento em que vários carros estivessem passando em alta velocidade?

Se a rua estivesse temporariamente vazia, poderíamos saber, com toda a certeza, quando os carros voltariam a transitar por ela?

Já vivi alguns anos da minha vida focando mais no passado do que no presente, foi um período estagnante, em que buscava voltar a ser o que fui, devaneando sobre o que vivi e com isso perdendo o que poderia ser vivido no presente. Anos de bastante tristeza aqueles, não tinha como o resultado ser diferente, pois enquanto ficava alienado nas coisas que tinha construído até ali, não pensava ou empregava energia e esforço para construir algo no presente. Era como se uma correnteza estivesse me levando cada vez mais profundamente para a infelicidade e eu tivesse parado de nadar, apenas sonhando em voltar pelo caminho que tinha percorrido, em vez de olhar para a frente e nadar em direção a outro local.

Quando resolvi que não poderia mais viver daquela forma, decidi que não iria focar no passado. Assim virei meus olhos fortemente na direção do futuro e passei a fantasiar sobre o que queria conquistar, aonde queria ir. Nesta busca pelo equilíbrio passei a fazer o oposto de olhar para o tempo passado, fiquei anestesiado na perspectiva do futuro.

Mentalizar o que queremos é muito construtivo, pois passamos a criar essa realidade no plano mental. O problema que passei foi o de que não me esforçava para realizar o que idealizava, queria algo, imaginava, verbalizava, mas me faltava a ação. Como ir todos os dias na entrada de uma trilha e ficar imaginando o que há no final dela, sem jamais colocar os pés lá dentro.

Admito que, quando parei de imaginar o que tinha no final dela e entrei pela trilha, me deslumbrei e me apaixonei por algo, não foi pelo destino, mas pelo percurso.

Sobre a Trilha Que Leva ao Destino

Nas viagens que fiz, independente do destino, costumava me ocorrer algo estranho e, pelo que notei ao perguntar para as pessoas que me acompanharam em algumas dessas viagens, incomum também. Enquanto elas ansiavam em chegar logo ao destino, eu me fascinava pelo percurso, sempre gostei de ver o trajeto inteiro, e costumo sentir uma certa tristeza quando ele acaba, como se para mim a viagem fosse mais importante do que o destino. De certa forma é mesmo.

Pense no seu objetivo, seja ele qual for. Até atingi-lo existem etapas pelas quais deve passar, respeitando o tempo de maturação das suas habilidades e aprendizado, a busca pelos recursos necessários, enfim, várias coisas no caminho da realização do objetivo. São essas coisas no caminho que tornarão você melhor. É a caminhada que conduz ao objetivo e, para observar a vista no alto da montanha é preciso, antes de subir, se preparar. A vista do topo se torna consequência da subida, o sentimento de realização pode estar muito mais atrelado a ter se esforçado e conseguido do que à conquista em si, penso nela mais como a compensação pelos esforços e o tempo dedicado a isso.

Depois de atingirmos o nosso objetivo, naturalmente buscaremos um objetivo maior, outro degrau para galgar e outra trilha para seguir, com novos desafios, obstáculos, aprendizados e diversas vivências. Se bem que quando chegamos ao nosso objetivo aprendemos também, vivemos nossas conquistas e a realização dos desejos. Isso também se caracteriza como aprendizado, mas só se torna possível quando nos esforçamos no caminho e mantemos a determinação independentemente do que encontramos na estrada, lembrando do porquê de estarmos fazendo, e com o foco no que estivermos fazendo.

Sobre Plantar e Colher

Por mais clichê que possa parecer, estamos fortemente atrelados ao plantar e colher, a lei da causa e efeito, ação e reação, e aqui faço uma pergunta para o leitor ou leitora. Seu padrão de manifestação está voltado para agir ou reagir? Criar e moldar sua vida, ou reagir aos eventos dela? Se julgar estar no padrão da reação, considere mudar. Em vez de esperar algo lhe acontecer, seja proativo e faça algo acontecer. Talvez no começo não seja exatamente o que deseja, mas à medida que for experimentando e colhendo os resultados, a prática vai levar você a ações conscientes para obter aquilo que deseja.

Considere também a lei do retorno; se nossa ação visa nos beneficiar em detrimento de outras pessoas, alguém vai vir fazer o mesmo conosco. Isso é universal, plantamos o que colhemos, sejam frutos bons ou ruins. Sabendo disso, é prudente plantar coisas boas.

Vivi com clareza a lei do retorno em um capítulo um tanto amargo.

Relatei anteriormente que passei dois períodos escrevendo em uma comunidade virtual chamada "Desabafa". Estava no meu período depressivo, e, como membro da comunidade, criei uma história fictícia para mim, que falava sobre um rapaz que estava sofrendo as dores de ver alguém próximo a ele cometer suicídio.

Resolvi relatar isso aqui para fomentar a reflexão de que nem todas as histórias que contam na internet são verdadeiras. Algumas podem ser bem convincentes e é preciso ter cautela com o que se absorve ou se presta atenção.

Meus textos eram escuros e alguns fluíam sob essa temática. Criei toda uma história de como era a minha interação com essa pessoa. Devo mencionar que essa criação foi fruto de uma carência afetiva que estava sentindo naquele momento.

Nesse grupo existia uma consciência bastante singular e empática, posso inclusive dizer que ela é incrível e que sinto uma profunda admiração por ela. Chamarei-a de Alice. Em sua iniciativa de ajudar os membros do grupo, Alice tinha tomado para si a função de estar presente para qualquer um que quisesse conversar, desabafar, receber conselhos e trocar experiências. Fiquei encantado com isso, logo passamos a conversar com frequência e eu me interessei por ela de uma forma romântica.

Pouco depois disso estávamos em um relacionamento virtual, mas vou pular logo para a conclusão, para a lição que aprendi. Resumindo, fiz ela achar que queria ir além do que de fato queria, a iludi e depois me afastei abruptamente.

Plantei ilusão e feri seus sentimentos. Mais tarde, essa planta deu fruto e o que colhi foi justamente isso.

Naquela época, passava a maior parte das minhas tardes na casa de um amigo e sua irmã. Conforme os meses foram passando, acabei ficando próximo da irmã dele, desenvolvemos interesse um pelo outro, no meu caso foi uma paixão, e pelo que tudo indicava o sentimento era recíproco. Em um sentimento de *déjà vu*, a irmã do meu amigo fez comigo o que eu fiz com a Alice. Foi um aprendizado doloroso, prometi a mim mesmo nunca mais causar esse tipo de dor a ninguém. Percebi que de nada adianta ficar zangado com meus algozes, pois em algum momento na minha vida ocupei para outro essa mesma posição.

Ainda falando de plantar e colher, como vamos querer um resultado diferente fazendo as mesmas coisas? Querer que a vida mude, vivendo o dia a dia da mesma forma só nos fará viver mais do mesmo.

Um exemplo inocente disso, meu estímulo para escrever sobre o assunto.

Enquanto escrevia este capítulo, a Gabi estava fazendo pão na chapa para a nossa ceia. Foi quando ouvi uma exclamação de surpresa vindo da cozinha; dez minutos depois da primeira vez ouvi outra e fui averiguar. Encontrei dois pães torrados e mais um na frigideira a ponto de torrar também. Perguntei para ela o que aconteceu e descobri que o primeiro pão queimou por causa da sua atenção que estava mais voltada em assistir um vídeo do que no preparo da comida, o segundo e o terceiro queimaram da mesma forma. Penso que se continuasse daquela forma todos eles teriam queimado. A ação teve que mudar, para mudar o resultado.

Sobre Certezas Absolutas

Uma das formas mais simples de saber que estou errado é quando tenho a certeza absoluta de que estou certo.

Penso que ter certeza é confiar no próprio julgamento ou conhecimento – até aqui, nada de extraordinário. Na certeza absoluta, porém, mora uma dúvida excruciante. A forma de atestar "certeza absoluta" por si só já cria um sentimento de inflexibilidade, o que fecha as portas para a possibilidade de aprender.

Sobre As Aulas Que a Vida Nos Dá

Comecei a olhar para o meu dia a dia com a intenção de aprender algo novo. Isso muitas vezes me desafia a fazer algo que não estou acostumado, até mesmo que não gosto muito, obtendo resultados variados, alguns agradáveis, outros desagradáveis. Estou chegando em um ponto onde consigo aprender algo novo com a execução de tarefas comuns do cotidiano, ou simplesmente observando algo.

Algumas coisas ainda me proporcionam um frio na barriga. Às vezes penso se os grandes professores e mestres também tem isso. Penso neles como proficientes na arte de aprender com a vida, independentemente da lição, se vai ser prazeroso ou não, tornando experiências desagradáveis em ricas fontes de aprendizado, sabendo utilizar cada momento, cada minuto e até mesmo cada respiração.

Pode parecer fantástico, mas não é. Qualquer pessoa tem iguais chances de desabrochar sua sabedoria, cada qual com sua gama de aulas propostas pela maior professora e mestra de todos os mestres, a vida.

Todas as reflexões que apresentei aqui são reflexos do que a vida me ensinou. O conhecimento pode ser encontrado de várias fontes diferentes, mas a sabedoria é somente do viver.

De que adianta viver com uma parva perspectiva?

Quando nos elevamos à condição de aprendizes da vida, a mestra de todos os mestres nos dá lições capazes de nos tornar mestres também.

Todos carregamos bagagens, vivências, experiências, todas elas ricas e engrandecedoras, capazes de mudar a vida para melhor. Todos temos algo a ensinar, a aprender e dessa sinergia surgem as melhores reflexões.

Convido o leitor ou leitora, a refletir sobre as coisas que a vida lhes ensinou. Existe alguma lição que está se repetindo?

Consegue encarar as contracorrentes e reveses que a vida nos dá como oportunidade de aprendizado?

Já se colocou na condição de aluno-professor, utilizando sua sabedoria em auxílio das demais consciências?

Saiba que é daí que nascem as grandes ideias, as grandes pessoas – das aulas que a vida nos dá.

Sobre o Aqui e Agora

Para estarmos mais aptos a receber e compreender as lições que a vida nos ensina devemos estar totalmente focados no presente momento, no aqui e agora, sabendo que enquanto está lendo estas páginas, o presente se tornou passado e o futuro está um segundo à frente. O momento mais importante da sua vida é o agora, o lugar em que deveria estar é o aqui, é imutável. Incorporando essa realidade para o que estiver fazendo, o pleno potencial poderá ser alcançado. Trata-se de um poder de presença que só pode ser compreendido por quem já alcançou esse estado.

Uma forma de sintonizar-se com essa realidade, a forma que usei para vivenciá-la, é através da respiração.

Tempos atrás, escrevi um texto sobre a respiração, baseado numa vivência desencadeada pela forma do meu respirar (engraçado que na época mal sabia sobre técnicas respiratórias). Respirava profundamente, segurava por uns cinco ou seis segundos e depois soltava o mais lentamente possível, várias e várias vezes, prestando atenção plena ao que estava ao meu redor.

No terceiro ano do ensino médio, indo para o colégio de carro com o meu pai, usei da respiração que descrevi acima pelo tempo total do percurso, aproximadamente quinze minutos. Ressalto que fazia essa respiração no percurso diariamente, porque tinha descoberto que diminui a ansiedade.

Fui deixado na entrada do colégio, notei que o dia estava mais claro, as cores estavam mais vivas, me sentia mais centrado, não havia pensamentos ociosos. A primeira aula era de química, uma das matérias que tinha mais dificuldade e pouco apreço, não me esforçava em compreendê-la de fato. Porém, nesse dia, respondi tudo que a professora indagou e, para minha surpresa, dos demais colegas e da própria professora, respondi corretamente todas as questões, entrei no raciocínio profundamente com ela e compreendi facilmente a matéria.

Passei as aulas seguintes lendo, observando meus colegas, refletindo sobre aquele estado e respirando.

No intervalo, fui jogar pingue-pongue como costumava fazer e meu desempenho foi um dos melhores que já tive. Geralmente a fila para jogar era grande, então fazíamos até três pontos, e ganhei a maioria das partidas apenas com o saque. Eu tinha passado por várias coisas até chegar ali, tinha reprovado um ano, deixado de estudar outro e servido o exército mais outro ano, era três anos mais velho do que a média de estudantes do terceiro ano. Por conta disso eu limitava minhas interações com os demais porque achava que não deveria interferir muito com as experiências do pessoal mais jovem, por consequência não praticava as aulas de educação física ou os jogos com seriedade, mas, naquele dia, estava em um estado tão incrível que me permiti explorá-lo.

Aquela manhã passou bem lentamente, tentei entrar naquele estado várias outras vezes, mas ainda não obtive o mesmo sucesso.

O que me ajuda hoje a desencadear esse estado é trazer o meu foco para mim mesmo e de mim para o mundo à minha volta. Desfoco dos pensamentos e procuro prestar atenção nos sons que estou ouvindo, nos cheiros à minha volta, no que minha vista consegue ver e na força que a gravidade exerce sobre mim.

Algumas vezes minha visão fica mais colorida e viva, então percebo que entrei nesse estado de vivência novamente. E cada vez se torna mais fácil – tudo é questão de prática.

Convido você a parar por um momento, fechar seus olhos e começar a fazer respirações longas, segurando a respiração por quatro ou cinco segundos, em seguida soltando lentamente, de preferência em sete segundos. Faça essa respiração até se sentir calmo, mais presente no aqui e no agora. Pode ser que tenha algum sentimento de tontura, isso é ocorre por causa de uma maior oxigenação do cérebro. Concentre-se inteiramente nos seus sentidos. Quais os barulhos a sua volta? Como está a temperatura do ambiente? Que sentimentos estão se passando por você? Quais pensamentos passam por sua mente?

Entre mais profundamente nesse estado e quando sentir que está totalmente no aqui e no agora, abra os olhos e desfrute da sensação.

Sobre a Inexistência de Coincidências

Discordo completamente que coincidências existem. Quanto mais estudo sobre as energias e as leis universais, mais percebo que tudo é questão de vibração. Nós criamos nossas oportunidades, a vida que temos hoje foi criada por nós e é muita irresponsabilidade deixar as coisas na mão do acaso.

Relato isso porque o próximo capítulo não foi escrito por mim e sim por uma amiga, Micheli, uma consciência notável. A troca de experiências que temos com ela é enriquecedora todas as vezes, é uma sinergia incrível a que nós desenvolvemos, além disso ela é uma das primeiras parceiras da Conexões Luna.

Eu a conheci na primeira palestra que fui do IIPC em Curitiba, ano passado. Conversamos algumas vezes nas palestras seguintes e combinamos de conversar especificamente algum dia sobre as experiências que tivemos na Umbanda. Nese ano não chegamos a ter essa conversa, só a vi no IIPC umas três vezes depois daquilo.

O tempo passou, o ano passou, mudei para a casa que vivo atualmente com a Gabi. E quem encontramos um belo dia passeando na rua? Sim, a Micheli. Conseguimos finalmente marcar aquela conversa e desde então as coisas têm fluido com naturalidade, temos ajudado um ao outro e construímos uma bela amizade.

As coisas foram e são muito sincrônicas, o momento em que estávamos passando, as experiências que estávamos, ideias afins. Talvez você pense que isso foi somente uma feliz coincidência, mas para quem viveu os acontecimentos as coisas se tornam mais claras, claras o bastante para que eu comece a duvidar que existem coincidências.

O leitor ou leitora já vivenciou episódios perfeitamente orquestrados pelo universo? Eventos que ocorreram de forma tão sistemática para que algo acontecesse que te fizeram levantar a questão de que poderia ser muito bem algo mais que uma "mera coincidência"?

Sobre Polivalência, da vergonha para a realização

Antes de estar na função profissional que executo hoje, na área de marketing digital, tinha dúvidas e vergonha. A dúvida vinha de novamente estar mudando de profissão. Eu, formada em Turismo, com uma larga experiência no ramo, me vi novamente tendo que mudar de atividade profissional, depois que voltei do contrato que tinha realizado em um cruzeiro marítimo. Estava totalmente decepcionada por não poder colocar em pratica o que havia aprendido embarcada durante seis meses em alto-mar.

Beirando a depressão por não conseguir mais trabalhar na área de turismo, tive a sugestão de um amigo para procurar o curso de massoterapia. Me conectei com o ensinamento de imediato, como se aquele conhecimento passado em sala de aula já fizesse parte de mim. E por dois anos consegui atuar na área da saúde, levando equilíbrio e bem-estar para as pessoas, mas logo percebi que a massoterapia é uma missão de vida. Curar através da energia das mãos. Tive ainda mais certeza quando parei de trabalhar para poder cuidar da minha mãe que havia feito a bariátrica. Com mais tempo vago, veio a terceira (e atual) atividade profissional: marketing digital. O começo realmente foi para ocupar o tempo vazio de ter que ficar em casa, até que a proposta financeira chegou por meio de uma pessoa que acreditou e confiou que seria capaz de realizar esse trabalho, a Lisle Hagemeyer.

Mesmo já monetizando, tinha muito vergonha em assumir que eu, graduada em Turismo, formada em massoterapia, estava trabalhando com marketing digital. A minha visão era que se tinha fracassado na primeira, procurado a segunda, e atuado na terceira logo teria que procurar a quarta atividade. Até que em um encontro de voluntários, a partir de um comentário de uma colega, tive uma visão diferente. Na verdade, tinha exercido a polivalência até chegar no marketing digital. A minha versatilidade e experiência com o turismo e massoterapia me trouxeram *expertise* para atender meus clientes que hoje são predominantemente terapeutas. E meus clientes aos quais consigo oferecer meus serviços para organizar eventos, palestras, *workshops* devo aos mais de quatro anos trabalhando com isso em São Paulo, pela graduação de turismo.

Chego à conclusão de que a vida nos oferece experiências ao longo do caminho para que possamos estar mais qualificados na nossa realização em servir ao próximo. E é com essa filosofia que trabalho hoje na minha agência Mkt Digital Ctba: "agregar valor, na sua vida e no seu negócio".

Quero agradecer o convite. Poder colaborar nesse projeto me deixa extremamente realizada. Sou grata a estas duas consciências, Vinicius Benatto e a Gabriela Vieira, pelo exemplarismo e assistência.

Que este livro conecte você, leitor(a), à sua essência, assim como fez comigo. Tenha abertismo e determinação para realizar o seu projeto de existência.

Sobre o Autor

Nasci em 10 de agosto de 1997, não sei direito onde. Minha certidão diz uma coisa, meu pai diz outra coisa, minha vó diz mais uma coisa diferente. Bem, isso perdurou até meus 20 anos, quando descobri esse capítulo de minha história.

Desde pequeno, soube que minha mãe e meu pai não eram meus genitores e nunca me incomodei com isso. Aprendi desde cedo que amor vai muito além de laços sanguíneos. Deve ser por isso que tive facilidade de amar os amigos que fiz como se fossem minha família. Para mim família eram as pessoas próximas, que cuidavam, conversavam e gostavam de nós.

Na minha infância era extrovertido até demais. Algumas coisas que meus colegas da mesma idade viam como estranho eu encarava com naturalidade. Fui a vários psicólogos e psiquiatras quando criança, foi dito que eu tinha TDAH, fiz vários testes e tomei alguns remédios que não lembro o nome, visitei vários médicos, não lembro o motivo – engraçado, pois não fui um menino doente.

Meu canal favorito era o National Geographic, em especial qualquer programa que mostrasse animais selvagens, meu favorito era o tubarão branco.

Os primeiros livros que ganhei dos meus pais, quando tinha uns quatro ou cinco anos, eram livros sobre animais. Um sobre animais venenosos e outro sobre mães animais. Desde cedo tive contato com a literatura e possuía várias revistas sobre animais.

Passei a infância em Campo Largo, correndo pelas ruas, andando de skate e bicicleta na casa de minha amiga Natali, aprendendo várias coisas com a Thaynara ou jogando Playstation 1 com o Roberto.

Sempre estranhei a forma como meus pais se comportavam um com outro, secos, sem amor ou ternura. A tensão no ar era quase sempre palpável, mas, pensando comigo, vejo que eles sempre foram autênticos. Mesmo na presença de familiares ou amigos, nunca quiseram dar a entender que era como um "comercial de margarina", perfeito e colorido. Era feio, áspero e eles viviam isso com toda a intensidade que tinham.

Voltando de uma viagem, aos 9 anos, não fui para casa como de costume. Minha mãe e eu paramos na casa da minha vó e, ao chegarmos, me foi dito que aquela seria minha nova casa e que meus pais haviam se separado.

Depois disso estudei numa escola não tão boa assim. Para ser bem sincero uma das piores escolas em que estudei, tomada de violência, abuso e várias outras coisas. Passei por um choque de realidade. Nunca vou esquecer da minha professora de História, a Inês. Ela me mostrou uma ternura que nunca senti com nenhum outro professor, com nenhum outro ser humano, ela é uma consciência da qual sempre lembrarei com carinho.

Conforme fui crescendo mudei o polo em que estava. Fui de muito extrovertido para introvertido, perdi a confiança em mim e um pouco da liberdade que tinha em Campo Largo, pois já não podia mais sair para brincar na rua, e ficava limitado grande parte do tempo ao condomínio onde morava.

Depois disso, várias mudanças, sai daquele colégio no ano seguinte e estudei no Colégio Estadual Professor Loureiro Fernandes até o terceiro ano do ensino médio.

Gostei bastante de ter estudado lá, em especial dos professores que marcaram minha passagem, como o José Carlos de História/ Geografia, o Luís Fernando de Biologia (*in memoriam*) e o Leandro de Sociologia.

Vivi dois polos nesse colégio também. No meu primeiro ano fui homenageado como um dos melhores alunos da escola, mas futuramente viria a me tornar um dos mais relaxados. Isso aconteceu no último ano que estudei lá.

Entrei na minha primeira balada aos 16 anos usando a identidade de um amigo. Aos 18 anos saia à noite quase todos os finais de semana, por quase um ano.

Já passei por diversas religiões: católica, evangélica, espírita, wicca, candomblé, umbanda. Trabalhei como consultor espiritual por meio ano.

Fiz um bom número de cursos, alguns como hardware de computadores (mal me lembro do que aprendi), outros como os cursos da conscienciologia, que utilizo até hoje e agregaram imensamente à minha bagagem e caixa de ferramentas.

Fiz judô por três anos. Tinha potencial para me tornar atleta e competir profissionalmente. Saí porque me frustrei em um treino por não ter tido um bom resultado.

Aprendi inglês com meus primos.

O restante dessa história conto quando preencher mais páginas da minha vida.

Vivi bastante em 22 anos, experimentei várias coisas.

Espero que este livro tenha lhe proporcionado boas reflexões e contribuído com sua evolução.

Agradeço a você imensamente por ter me acompanhado por essas páginas e **faço** meus mais sinceros votos de felicidade

editoraletramento editoraletramento.com.br
editoraletramento company/grupoeditorialletramento
grupoletramento contato@editoraletramento.com.br

casadodireito.com casadodireitoed casadodireito

Grupo Editorial
LETRAMENTO